汶川地震我们号召捐款的那天。

因上努力，果上随缘，向内认知，向外行走。

新人时期那些只睡三四个小时拼命努力证明自己的日子。

努力工作，更努力玩乐！和 Fantasy 一起参加银行 D&D 比舞大赛。

那一刻我似乎懂了相扶到老的意义，你是我的
腿，有你相随，不负此生。

在那 45 秒，克服了恐高的我，如获新生，感觉自己的世界更
加开阔、更加敞亮了。

在查理大桥上想象着古时候皇家加冕仪式路经此地时的情景。

"See you around the world！"（在世界的某一个角落，期待咱们再次相见！）——Dan，布达佩斯

这是我收到过最酷的告别语。

在西藏阿里结识的亲人。

千百年来，有无数人不远万里来到冈仁波齐。

夜幕下的大金塔，更加辉煌壮观！

和妈妈在仰光大金塔念上 99 遍心经，愿我们都能成为更好的自己。

和 150 多个小朋友，一起过了我 25 年来最有意义的生日！

那一刻，我福至心灵，发现人与人之间的情感，是不需要语言也能互通的。

生活的彼岸，不在于你是否拥有世俗意义上所谓的"成功"，而在于你是否能感知善行与惜福的意义。

看到 Kawl 脸上的笑容，我更加坚定了
自己的使命。

2019 年 12 月，我和父母一起去感受了冰天雪地的漠河。

每年的生日到世界各地旅行，对我来说已是不可或缺的仪式。

Choi：创造自己的小确幸

韩滨蔚：让今天拥有更好的青春

卡大人：管他呢，开心就好！

李莹：只愿为我的"热爱"买单

七七：有一颗爱冒险的少女心

王辣辣：做个文艺女战士

走过的每一步都算数

Every Step Counts

张佐一　著

中国出版集团

东方出版中心

图书在版编目（CIP）数据

走过的每一步都算数 / 张佐一著. －上海：东方
出版中心, 2022.11

ISBN 978-7-5473-2091-4

Ⅰ.①走… Ⅱ.①张… Ⅲ.①张佐一－自传　Ⅳ.
①K825.34

中国版本图书馆CIP数据核字（2022）第205391号

走过的每一步都算数

著　　者　张佐一
策划编辑　黄升任
责任编辑　黄升任　钱吉苓
封面设计　钟　颖
插　　画　邹骏杰

出版发行　东方出版中心有限公司
地　　址　上海市仙霞路345号
邮政编码　200336
电　　话　021-62417400
印 刷 者　山东韵杰文化科技有限公司

开　　本　890mm×1240mm 1/32
印　　张　7.75
插　　页　8
字　　数　142千字
版　　次　2023年1月第1版
印　　次　2023年1月第1次印刷
定　　价　68.00元

你是活了一万多天，
还是仅仅活了一天，
却重复了一万多次？

前　言

2019 年年末，新冠肺炎疫情（COVID-19）袭来。我花了一年的时间在焦虑和适应，又花了一年的时间去沉淀与自省。

因为工作关系和热爱旅行，我习惯了一直"在路上"的状态，所以不太适应疫情下的宅家生活。不能行走世界的我，在一次偶然翻看过往的文字记录时，决定要将它们汇聚成书！

这不，疫情下的慢生活，刚好适合用来整理文字。

我庆幸自己一直有文字记录的习惯，在整理文字的过程中发现，二十来岁的自己一直活得很"赶"，不断追求着"更多"；到了三十来岁，我开始学会给人生做减法，发现很多时候"少"比"多"更重要。

2022 年，我除了工作，就只专注于一件事——写好这本书。我盘点了自己从 18 岁来到异国他乡独自生活、读书兼职，到成功拿下第一份工作的过往，也总结了从职场升迁到失去目标的经历，直至找到真正喜欢的事业，完成较为完美的工作转型，才有了现在的自己。

一直奉行着"因上努力，果上随缘，向内认知，向外行走"的信条，我也在特别的旅行经历中获得了成长，无论回顾多少次，都还是让自己感触良多。

这本书里，还邀请了我那些有趣的朋友们，来分享她们的多栖人生。她们有着不同的背景，从事着不同的职业，却都活出了精彩的"Multiple Life"（多样人生）。她们没有被自我、社会和家庭等束缚，活出了尽兴的人生。在采访她们的过程中，我发现自己的格局和思维，也一次又一次地被"打开"。

我很喜欢一句话——"The best investment you can make is in memories."（你所能做的最好的投资就是回忆。）整理文字的这些天，我感觉自己好像重新把 15 年来的路又走了一遍。

我想，人生不就是个经历、感悟、积累的过程吗？将我的这些感触化成文字，不敢奢望能给世界带来多大的影响，但若能给你一点启发，引起你一些共鸣，对我来说已意义非凡。

此外，出版此书的意图在于输出和分享。我已决定把这本书无论线上线下、国内国外所有回馈给本人的版权费及其他所得利润全部直接捐予社会慈善团体，希望这么做能够带动更多的读者参与到慈善项目中去。

"勿以善小而不为"，愿我们都能成为更好的人。

目 录

第二章　探索

从行走世界
到认识自我

第三章　领悟

从未知中
体会人生百态

第四章　前行

后记

第一章 初心

从青涩的学生时代
到初踏社会

01/ 3291 公里

　　每个人出国留学的原因各有不同，无论是为了圆一个远方的梦，为了去体验海外生活，抑或纯粹是受父母之命而远行，到了海外之后一定都经历过一段迷茫或是自我怀疑的时期。

　　2007 年 7 月 10 日，18 岁的我远赴离家乡 3291 公里的新加坡，思考留学的意义究竟是什么，这个抉择到底值不值？

　　不得不说，少年时期的我对国外的生活充满了向往和期待。在下飞机的那一刻，身处陌生的环境，看着陌生的人群，听着陌生的言语，我不但不紧张、不害怕，反而很激动、很兴奋。想想自己居然能独立地穿梭在这个谁也不认识的地方，我瞬间觉得自己长大了，并为这一份觉醒而有些怅然。

　　身处异乡的前两周，我每天都像打了鸡血一般，对周围的新事物都充满好奇，可当新鲜感过去，我却迎来了无尽的乡愁。那时，还没有微信，也没有其他视频通信工具，盛行的是 MSN 和 QQ 等通信软件，想打一通电话回国还需要购买当地的"凤凰卡"。那是一种特殊的电话卡，在刮开一串隐藏号码后，可搭配专属密码，拨打长途电话回国。

想当初，若没有这张"凤凰卡"，一两通十几分钟的国际长途电话就能抵上我一个月的生活开销了！日子忙碌起来倒还好，就怕闲下后想起家人，想到自己怎么就突然变成孤身一人了，那种伤感真的能在心中掀起巨浪，让人怎么也阻止不了汹涌而来的泪意。

我还记得，第一次情绪失控的地点，是在从学校回住所的公共巴士上。当时已经是晚上 10 点，明明早上还晴朗无云的天气，现在却忽然下起了暴雨。穿着短袖出门的我，在巴士上又冷又饿，想到自己没带伞，下车后还得冒雨闯过一段毫无遮挡物的路途，我就不争气地哭了。我一边看着车窗外被大雨糊成一片的漆黑夜景，一边默默地流泪，也不禁开始问自己，我在未来得做出什么样的成绩，才能对得起自己，对得起这些离乡背井、孤苦伶仃的日子。

在这个陌生的城市尚未找到立足之地与归属感，让向来自视坚强独立的我，发现自己并非想象的那样无所不能。想家却在这里无家可归，想倾诉却没有亲密的朋友在身边，我在后来无数个寂寞无助的夜晚，只能选择独自消化，默默流泪。我尝试过让自己更忙碌，但无论平时如何填满时间表，总有夜深人静、无人可寻的时候。更让我沮丧的是，在给国内朋友打电话后，发现大家都过起了与我截然不同的生活，很难再聊到一块儿去。渐渐地，我意识到在异国他乡必须做的第一件事，是学会独立、学会与自己相处。

另外，我发现时间会冲淡消沉，并在你愿意包容一切悲欢时，它会赐予你拥有同等正能量的人、事、物。在我找回了坚定、自信与开朗的时候，就恰好认识了一群和我一样背井离乡的小伙伴，我还和其中的一个上海姑娘 Kim，一起合租房子，成了无话不谈的室友。小伙伴们见证过我为了做个拔丝香蕉，差点烧掉整个房子的惨况，也因为我切个百香果不小心切到手指，大半夜陪我去医院处理伤口，我可怜兮兮地被缝了 11 针。这 11 针留下的伤疤，仍在手指上清晰可见，她们曾经给予的关怀和温暖也历历在目。

我想，一个不会和自己相处的人，不可能很好地与他人相处。在埋怨自己怎么没遇到知心人时，我们都该先学会在闹市之中寻获内心的平静，喜欢自己并且喜欢生活，这样才能吸引同频的人。

除了她们，让我印象深刻的还有一位大学学长。他与我是同乡，仅比我年长两岁，却成熟稳重得多。在许多留学生仍整天吃喝玩乐，抱着"混日子"的心态得过且过时，学长已经把接下来三到五年的人生规划都安排好了。

看他明明成绩优异、家境优越，却还这么努力，我忍不住问道："能毕业不就好了吗？你为什么这么努力？"这可不能怪我太肤浅，毕竟当时仍觉得语言是一大挑战，尽管成绩过得去，却还是与在国内时差了一大截，让我多少有点丧气。

但学长的回答，让我醍醐灌顶。

他说："我们出国留学，要的不仅仅是顶尖学府的文凭，而是它的文化、知识与涵养。父母送我们出国不容易，我们在这里生活生存也不容易，应该让自己好好沉浸在这个大环境里，吸收它所有独特的优良品质。这并不是说'外国的月亮比较圆'，而是天大地大，每一个地方和每一种文化，都有值得我们学习的优点。既然各有千秋，我们也有幸拥有机会见识到更大的世界，就应该选择兼容并蓄。"

我想很多初次来新加坡的人，都会有和我一样的惊奇发现——那些过了退休年纪的老年人，大多还在工作。他们有些是为家计所迫，有些按照他们的话说是"劳碌命"，闲下来反而浑身不自在。

我曾遇到过一位六十多岁的出租车司机，他一边开车一边跟着收音机播放的歌曲高唱。看我微露诧异，他和蔼地笑道："小朋友，不好意思啊！Uncle（叔叔）开出租车就是为了能随时随地自由唱歌，要是打扰了，我可以关掉哈。"

我连忙摇头说："没关系！Uncle你唱得很好听！"

后来听出租车司机说，他自小就喜欢唱歌，但一直没有能够尽情拥抱热忱的机会与场合。好不容易挨到孩子们都长大，他也不需要再为了家计打拼，不如就以开出租赚自己的零花钱，还能在这个专属空间里随心高歌。

我想到了同样是六十多岁的奶奶，她偶尔跳跳广场舞，偶尔与老朋友们喝喝茶，大部分时间买买菜、做做饭，待在家里看看电视、嗑嗑瓜子。我一直以来都认为那是老年生活应有的样子。但听完出租车司机的经历，我忽然发现对有些人来说，"退休"才是人生的新开始。

人生无常，生命有限，在我念大二的那一年，发生了"5·12"汶川大地震。我还记得当时正跟几个同学讨论要去哪里吃午饭，学校休息厅的电视突然插播了这一则国际新闻。我们这几个中国留学生就这么盯着电视屏幕，顿时哑然。

忘了是谁先掏出手机，说要问问家里人是否受影响，其他人才跟着手忙脚乱地一一给亲人打电话。那时通讯远没有今日这样发达，所谓的"即时新闻"和"同步直播"也远没有现在这样快捷。汶川发生了地震，谁知道会不会影响其他省份？

　　我拨通了家里的电话，在听到妈妈的声音后，立即问道："妈，你和爸爸没事吧？我看到汶川地震的新闻了！真的那么严重吗？"据妈妈说，江西并不受地震影响，但汶川的情况确实严重。妈妈还感叹道："生命太脆弱了，你自己在外面要多保重！"

　　知道亲人没事，我松了口气，家常数句后便挂了电话。这时，我才发现有两个来自四川的同学因为联系不上家人，已经慌张地哭了起来。他们的无助让我悲从中来，四川虽不是我的家乡，但看到那一幕幕惨不忍睹的画面，我感同身受，心痛不已。

　　我边强忍泪意边安慰人，有位四川的同学说她等不及回复了，想要现在就回去，我还自告奋勇地说和她一起走，由我来研究怎么飞往汶川。庆幸的是，身边还有足够冷静的同学，劝我们不要冲动，莫说新闻里报道了成都双流国际机场已经关闭，就算真到了当地，我们也帮不上太多忙，反而有可能会添乱。

　　我灵机一动，提议道："那我们可以联系中国留学生组织，大家一起想想办法，号召捐款或筹备物资都行！"这个办法得到了大家的一致认同，所有人顿时都把午饭抛到了九霄云外，一心只想为突遭灾难的国内同胞们做点什么。

　　埋头奔波了好几天，我在一切支援计划都安排妥当后，写下了一篇博客记录当时的心情。如今回头翻阅，发现自己写了"少吃火锅""少买衣服""多多筹款"等话语，不得不感叹身为仍在求学的游子，能力十分有限。

尽管如此，却不影响我们做力所能及的事，不动摇我们想救济国内同胞们的心。无论隔得多远，我们的心永远与祖国同在！经过这件事，我彻底地感受到了何谓"生命的脆弱"，何谓"人类在大自然面前是多么的渺小"。我们永远不知道，明天和意外哪一个先来，这样的认知使我开始更努力地活着，不想虚度任何光阴。

即便课业再繁重，我不再为了能多睡几个小时，能多悠闲一会儿而放弃社团活动。大学四年，我跟着创意社的小伙们去过海底世界露营，睡在鲨鱼游过的地方，近距离观察鲨鱼的一举一动；我代表学校经济学社团组织策划并参与了2009新加坡大学生经济研讨会，做了世界青年奥运会的志愿者，参加了街舞社的校外PK比赛，还在学校的歌唱比赛中得了第二名。

歌唱比赛那天，由几家新加坡音乐公司负责人担任评委，其中一位负责人还在赛后邀请我到公司试音，甚至想签约我做艺人。坦白说，那是我来新加坡的两年里最开心的一天，但满怀喜悦向家里报备后，却遭到了爸妈的强烈反对。妈妈在电话里严肃地说："我们送你到国外是去读书的，不是去当艺人的！"他们态度坚决，毫无商量的余地，让我的心情瞬间跌落谷底。我为此耿耿于怀了好久，暗暗认为是他们摧毁了我实现"明星梦"的机会。

直到真正长大了，进入社会了，懂事了，经历过人情世故后的我才发现，事事无绝对。上天没让你做成想做的事，不一定是件坏事。没有发生的一切，你将它想象得多美好都可以，但想象并不是

8

真实的，想要让现实更美好，让有限的生命发挥最大的价值，我们能做的是，及早开始探索自我，找到自己人生的使命。

在距离家乡 3291 公里的新加坡，我舍弃了安逸与熟悉，换来了未知的无限种可能。若你也和我一样，正在他乡异国，愿你也能够不放弃自己的初衷，愿我们都越来越好。

02/ 12 份工作

从小就幻想着成为演员或编剧的我，渴望感受各种角色的人生。尽管最终选择了金融专业，但我内心深处仍然向往体验多种生活，于是在大学开学的第一天就告诉自己，在不耽误学习的前提下，一定要尽可能地去尝试不同领域的工作。这么做，不仅能找到自己真正的喜好，为之后进入职场做好准备，还能让人生更加丰富多彩。

做销售学变通

在所有的业余打工机会当中，我的优先选择是自认为最具挑战性的销售类工作。它不仅能锻炼口才、思维，还能提升一个人的社交能力，待遇更比仅拿时薪的工作要好很多。我曾在一家连锁百货公司里推销过德国品牌的吸尘器，在周末集市里叫卖过 10 新币一双的快销鞋，也在每年度最大的科技展里卖过电子产品。

犹记第一次面对顾客推销吸尘器的场景，我踌躇了大半天才敢上前，说话支支吾吾的，哪怕对方很感兴趣，最后也只回了一句"谢谢，下次吧"。第一天勤勤恳恳工作了7小时的我，业绩居然为零。在工作了半个月依然突破不了个位数业绩的情况下，我给大学毕业后一直从事销售工作的表哥打了个电话讨教。

当时才28岁的表哥，已有7年销售经历，其间一路被提拔，已经做到了某品牌的大中华区代表的位置，所带领的团队更是组织里的常年销冠。听完我的困扰，表哥说道："或许有人天生就适合做销售，但一切都是可以经过后天培养的。撇开这些技巧，你首先要做的，是问问自己是不是真的喜欢销售，能不能在促成交易后从中得到满足感。"表哥还告诉我，销售势必会伴随着许多的否定与挫折，倘若没有足够的抗压能力，一旦碰上阻碍，就容易一蹶不振，被消极的情绪吞噬，产生自我怀疑。

这简直是说到我的心坎里去了！那时候的我只觉得销售是一份收入不错的工作，是一项自我挑战，并非打心底真正喜欢；我更没有因为达成交易而高兴，只觉得是顾客有需求就买了，与我的销售能力毫无关系。

结束与表哥的通话，我做的第一件事便是重新看待销售工作，将它从赚钱渠道改作闯关游戏，每完成一项交易就代表晋升一级，哪怕是再小的一步，顿时都有了显著的意义。光是这样还不够，为了成为游戏中的冠军，我开始思考如何能够做得比别人更好。

至此，不必招待顾客时的我不再摸鱼发呆，而是利用假装整理货品的举动，偷偷观察其他销售员如何展开"攻势"。下班后，我开始广泛阅读有关销售技巧方面的书籍，并结合自己日常所遇到的状况，写出了满满一个笔记本的感悟与攻略。

我的攻略要点如下：

（1）拟定一个能适合于大多数场景的开场白

（2）牢记所有产品的销售特点 + 为顾客创造感官之旅

（3）使用不同的说话方式与顾客交流，并根据其需求对症下药

（4）维持自信与真诚

（5）进行每日总结与反思

之所以将拟定开场白作为第一要点，是因为很多时候都是万事开头难，而只要开了口，很多事情或许会水到渠成。其次，顾客的注意力十分有限，想要抓住他们的兴趣，就不得不在交谈的头几句话里，输出最有效、最诱人的信息。

除此之外，受到美国购物学研究专家帕科·昂德希尔（Paco Underhill）的畅销书《顾客为什么购买：新时代的零售业圣经》的启发，我特意在上班时准备了一些饼干，并在需要演示操作时将饼干弄碎撒满一地，再把吸尘器交给顾客亲自体验清理过程。

书中是这么强调的："感官是决定购买的最有诱惑力的因素，因为除此之外，我们还有别的办法去体验商品吗？"

这么做之后，我的业绩果然有了提升，并且我发现这一招在应对有小孩的家庭时会特别奏效，若是独居者或家庭成员皆为成年人顾客的时候，反应则时好时坏。这令我意识到，不同顾客对于同类型产品的需求是不一样的，而我若只是单调地利用饼干屑展示吸尘器的优点，则将无法顺利拓展至所有的顾客群。

与此同时，让顾客愿意买单的，永远是来自销售人员的自信

与真诚，并非花里胡哨的销售技巧。有人曾向沟通专家、顶尖销售导师迈克尔·阿罗索提问："你该怎样去训练一个人并使之变得更加真实与受人喜爱呢？这是能够通过训练来完成的吗？"迈克尔回答：只要拥有自信与充分准备，就能够做到。他说："自信源于你知道自己已经准备好了。当你准备好了，你就能放松心态，做好你自己。"工作了一段时间，我已不再是对产品一问三不知的"菜鸟"，也从最初的茫然无措，过渡到了自信坚定的状态。有了专业认知作为底气，我可以深入地为顾客进行产品配对与分析，甚至在顾客选择了不适用于自身情况的产品时，提出真实的看法和建议。

另外，高情商是销售人员必不可少的特质。我就曾遇到不少刁钻型顾客，一上来就针对产品提出各种尖锐的质疑。一开始，青涩的我只懂得用官方 USP（Unique Selling Proposition，"独特销售主张"）来为产品辩解，积极强调它的好，试图用这些优点掩盖顾客所指出的缺点。然而，一个拥有高情商的销售员并不会对顾客质问做出任何过激反应，更不会让自己沦为一台高价位产品的"辩护律师"。相反，他能够很好地控制自己的情绪，充分运用交际手段与批判性思维，将带有攻击性的对话转变成一场成功的交易。

千奇百怪的顾客，将让你无法用既定思维进行销售。因此，我养成了每日总结工作学习点的习惯，将当天遇到的所有状况在脑海里重温一遍，写下能够注意和改善的地方，避免二次踩雷，重复犯错。

最后，销售领域里有个经典的"棉花糖实验"，让我觉得很值得分享。它其实可以被视作一场面向孩童的棉花糖销售实验。实验中，若孩童愿意多等待几分钟再吃棉花糖，就能够多拿到一个棉花糖，想测试的是他们对于"延迟满足"后能"获得双倍收益"的反应。事实证明，大部分孩童愿意为了更大的利益选择等待，这样的认知也导致他们在之后的日子里，不会因为没有第一时间得到正面反馈而激进、崩溃。回到销售层面上，则可发现一些并不急于完成销售的销售员，通常会比那些急功近利的销售员取得更大的成功。因此，以退为进有何不可？销售的目的虽是制造收益，但也犯不着步步紧逼，反而可以在顾客表现出防备心态时，先后退几步，让对方"好好考虑"，"不必急着下订单"。

从经验中总结出的这些技巧，让我在后续的销售工作里受益匪浅。但更重要的是，原本只懂得一味努力、一味"硬啃知识点"的我，在过程中学会了激发思维，灵活处事。所谓的抗压能力，也是在这时慢慢被打磨累积起来的。

这些，便是我在大学业余时间从事销售工作学习到的最珍贵的道理。

当记者懂世故

大二那年的某一天，在学校里收到了新加坡企业家精神协会（Spirit of Enterprise，简称 SOE）的记者招聘宣传单。上头写着，协会正在招募校园记者，主要任务是采访新加坡当地的成功企业家，所有优秀的采访文章都将会被编成书籍出版，协会还将以记者的采访内容作为主要依据，来评选出该年度的"最佳企业家"。

高中时期特意学过电视编导的我，怎会错过这与媒体工作有关的机会？经过一轮又一轮的面试筛选，我最终成为SOE的第一批学生记者，首个任务便是推荐最多十位成功企业家候选人并进行采访。

　　原以为协会将提供名单，让我们自己进行接洽和采访，哪知"提名"任务竟是真的让我们去做市场调查与资料搜集，提出自己认为最值得受访的企业家名单。当时的我才到新加坡约两年，别说是认识，就连知道的企业和企业家都屈指可数！

　　不过既然接受了挑战，我也只能认命执行，并告诉自己这么安排也不错，至少能让我往自己感兴趣的领域进行探索。在锁定音乐和教育行业后，我到图书馆借来了新加坡企业数据书，那是一本五千多页的资讯簿，每一页的纸张都特薄，但加在一起却有好几斤重，扛着它从车站走回家，让我虚脱得差点以为要"出师未捷身先死"了。

　　数据书里有新加坡各个企业的信息，按照字母顺序排列，能轻松查到每一家公司的联系电话和邮件。我将感兴趣的公司及其联系方式都整理成列表，之后有邮件的发邮件，有电话的打电话，看到一个就联系一个，整整花了一个星期的课余时间，发出去了近百封采访邀请。尽管只收到二十多封回复，但几经交涉与筛选，我最终与三家企业敲定了合作，并分别约好与其创始人的面谈。

　　采访并不是件容易的事，尤其对于完全没有经验的我，需要去挖掘受访者潜在的心声，想想就让人好有压力。因此，采访前我在网上查找了受访者们的所有公开资料，包括家庭背景、就读的学校和专业、成长经历、现有成就、兴趣爱好等，试图从中揣摩这个人的性格，并研究他身上独有的企业家特质。

在受访的三位企业家中，我对孙东耀博士的印象最为深刻。他是我采访的第一位企业家，其公司所研发并售卖的中文学习软件Chinese Star，在当年可谓红遍了新加坡，是孩子们几乎人手必备的学习辅助工具。

我原以为主修工程系、如今又在科技领域称霸一方的他会是个理性严肃的老板，哪知一踏进他的办公室，就看到四周摆放了许多古董似的花瓶与小物件，其中以茶具居多，琳琅满目却并不杂乱，给人一种其主人特别有生活情调、特别懂得品味人间烟火的感觉。

果然，开完会匆匆赶来的孙东耀博士，第一眼便让我觉得十分和蔼可亲。

我们简单相互介绍后，他顺其自然地落座、带话题，先是问我老家在哪儿，又问我怎么会当学生记者、是怎么找到他的等等。他虽然主动提问，却完全没有想掌控局势、"反客为主"的意思，而是轻松带起了聊天节奏和氛围，让还算机智的我见缝插针，接过话茬就将重点拉回他身上，顺利地展开了采访。

从工程系转战科技领域，这个跨度可不小。而孙东耀博士不仅成功地在科技领域站稳了脚跟，还在闲暇时进修了法学和考古学，并且身兼多个副业，经历十分有趣。当时也就三十来岁的他，说话的语气十分沉稳平静，就连提到曾经面对的困难和失败，也没任何一丝失了分寸的情绪。

我不禁好奇道："你是怎么做到看起来如此云淡风轻的？"

16

他笑说："这只是你，或者说是外界看到的表象。光是自己做人就不容易了，何况是撑起一家企业，管理几百上千号人？"孙东耀博士提到，想成为一个成功的企业家，必须拥有强大的综合能力，若只是单方面的专才，是无法胜任管理者的职务的，因此他也十分积极地朝多方面发展，尽量地开拓心胸、视野和见识，才能做到海纳百川。

我这才明白，世上哪有毫不费力就能办成大事的人，只有默默耕耘换来强大、从而做事游刃有余的人。往后，若遇到让我萌生崇拜、羡慕，乃至于"嫉妒"的人，我在看到对方的轻松与成功时，一定会提醒自己，不要单看别人成功的"云淡风轻"，那背后一定有着我们看不见的无数的汗水与泪水。

这被隐藏的一面，才是对方成功的关键，也是最值得我们学习的地方。

端盘子成大事

"Zoe，周末有空的话一起去打工吧！我看网上有酒店餐厅在招银行晚会的服务员！"

听大学好友 Sophia 兴致勃勃地分享，我内心一开始是拒绝的。服务员不就是端茶倒水吗？我能学到什么呢？但架不住 Sophia 拼命劝说，还强调这是银行举办的舞会，正好可以让我们这两个金融系学生提前感受一下业界人士的相处氛围，我才点头同意。

原以为只是个上百人的舞会，到了现场才发现竟有五千多人，密密麻麻五百多桌！光是看到场地有多大，我已经震撼得走不动道了。当时，酒店经理还催促我们赶紧更衣，要所有服务员统一穿上制服，且长发都要一致盘扎起来，梳得干干净净、整整齐齐。

小小的更衣间挤满了和我一样来打工的大学生，有的驾轻就熟、慢条斯理地打理仪表，有的却不知道服务员还得带妆，只好急急忙忙借来化妆品捣饬自己的大素颜。我虽没有当过服务员，但必须出门"见人"时总会化上得体的淡妆，因而不至于自乱阵脚。

舞会开始前，酒店经理召集了所有服务员讲解上菜流程。我站在目测有三百多人的服务员队伍中，立刻感受到从四面八方袭来的严谨、肃穆与压力。后来，再看到那比我肩膀都宽的盘子时，让我忍不住为自己捏了把冷汗。

最让人紧张的，还包括必须端着盘子排队入场，再逐一上菜。我从来没想过，仅是端盘子都能如此隆重！此外，每个服务员还得负责至少两桌客人的各种要求，包括倒水上酒、递酱料、换餐盘等。

我全程都很担心碰倒餐盘和酒杯，便一直低头专注忙碌，依稀瞄到舞会上的银行职员们都打扮得千奇百怪、缤纷多彩，也不敢多看几眼。直到银行总裁上台致辞，我才得以喘口气，Sophia 也悄悄溜到我身边，喋喋不休地分享她的所见所闻。

"哇，你有看到那个小丑女吗？超还原！还有蜘蛛侠……我负责的那桌正好七个男的一个女的，居然打扮成了七个小矮人和白雪公主！"

我这才仔细观察，发现台上的横幅赫然挂着舞会主题——Wonderland。

"奇幻世界？"我心想，"金融圈原来也这么好玩的吗？"

将目光从横幅移到总裁身上，看他西装笔挺、干练帅气，宛如电影里的"华尔街大鳄"模样，我才确信这是一家银行所举办的舞会。那位总裁是个西方人，五十来岁，以一口标准的英式英语说着银行今年的成绩与未来规划，极具威严的同时不失幽默感，特别能调动听者的情绪。

他还强调了"人究竟是为了什么而工作"，并表示也许你现在做的并不是自己绝对满意的工作，但这都是成长的必经之路，只要坚持努力下去，哪怕是最平凡的岗位上也能做出不平凡的成就。他在最后总结道："大家一定不要过分努力，一定要做到生活与工作的平衡，我们打的是持久战。请各位在今晚不醉不归，但要确保自己能安全到家哦！"

那也是我第一次从大人物口中，听到让员工不要太过分努力，需注意平衡压力与心态的话语，简直大为震惊。在我的认知里，公司老板都是希望员工能够加倍努力、加倍勤奋，有的甚至总恨铁不成钢，怎么可能还让员工"不醉不归"呢？

随着总裁的话音一落，现场的银行职员高声欢呼，更有人吹起了口哨，一派热闹和睦的场景，令人心生向往。后来，我也发现当天在台上进行专业级歌唱、舞蹈等表演的，竟都是银行职员！那还是部门之间的"比赛"，优胜的表演团队也有奖金和奖杯可领取，堪比一场嘉年华。那一晚，银行职员们玩得有多开心，我们这群服务员就有多累。

等工作结束，终于回到家时，我甚至都感觉不到自己的手脚了。由于时间不早了，我匆匆洗了个热水澡，就爬上床准备蒙头大睡，朦胧间耳边却回荡起那句"不醉不归"。

"不醉不归吗？明年我一定要以银行职员的身份来参加舞会，与你们一起不醉不归！"

我在心里默默地发誓，并想若有机会的话，一定要拼尽全力选择自己热爱的工作。若暂时无法如愿，也要像那位总裁说的一样，在岗位上寻找专属于自己的意义，尽量减少抱怨，就能用"吸引力法则"招来好运气。万万没想到的是，我在毕业后的第一个面试机会，居然就是这家银行给予的！过五关斩六将，我最终加入了这家银行，我想，也许这一切都是冥冥之中早已注定。这也让我在初入职场时，每每遇到挫折想放弃，就会为了能挨到年底一起"不醉不归"而咬紧牙关。

我想，若没有那次在舞会上端盘子的经历，我也许会没那么坚定，我也许会被困难打倒，我也许会错过一起庆贺收获时的欢腾与雀跃。

除了上述的工作经历，我还在地铁站出口处发过一整天的传单，给三岁的孩子做过家庭教师，给外国人做过中文翻译。仔细数一数，大学四年的我做过了整整 12 种不同的工作！

每每和大学同学聚餐时，大家一同回忆起青葱岁月，都会感叹我简直是个"拼命三娘"。这个时候，我总会笑说："年轻就是要拼搏，生活才会丰富多彩嘛！"

就不知，若当时的我再好好谈一场恋爱，日子是否会更加精彩呢？

03/ 《蚊子》

从未想过初中时灵光一闪的创作，能在多年后为我带来进入国际银行工作的机会。谨以此文纪念懵懂年岁写下的情歌《蚊子》，也记录人生一个重要的起点。

在大四毕业前，最让我期待的是一年一度的校园招聘会。各行各业的知名公司齐聚一堂，组成超过 200 个展示台，这是了解各家企业背景与市场人才需求的最佳途径。兴奋的我很早就开始在校园官网上浏览参与招聘的公司的信息，并在筛选出自己感兴趣的公司名单之后，惊讶地发现竟全是银行！

好吧！本就修读金融专业的我，首选确实非银行莫属。但总听学长学姐们说，银行门槛可不低，这不禁让我迟疑，光凭一张成绩优异的毕业证书到底能不能过关？想到招聘会上有可能会遇到未来前辈或老板，我还特地买了全新的西装三件套，准备让旁人都眼前一亮。

哪里知道，招聘会当天竟出现了赤道国家新加坡难得一遇的

41℃超高温天气。穿着长裤长袖的我，才踏出家门就已经感觉从头顶到脚趾都冒着热气。看我在进入大堂前疯狂擦汗、整理仪表，朋友都纷纷笑说："活该，谁叫你这么隆重，至于吗？"

送上一个白眼的我，在内心暗道："至于啊！这关系到未来十几二十年的职场道路呢！"

这不，明明早上10点才开始的活动，在我们9点半抵达时已人山人海。

我下意识地捏紧了手上装有20份简历的公文包，一想到有这么多人将是自己的竞争对手，还未开始就已觉得有些心累，但同时也被激发出了不服输的劲头。看着被围得水泄不通的银行展台，我立刻改变计划，将原本指望着能和招聘人员多聊聊的目标，改成只要把简历顺利交给对方即可。挤了几十行队伍，公文包里的简历渐渐被各大金融行业的招聘宣传单及简介资料给取代。最终，除了银行，我还向基金公司、会计公司、贷款机构等都投了简历，心想只要能在毕业后立刻找到一份安稳的工作，就已经是万幸了。

当晚回到家，太阳都已经落山了。我脱掉外套袖管早已被卷到手臂的西装三件套，换了舒适的睡衣，紧接着开始第二轮战斗——在线上投简历。从一大摞招聘宣传单中再次筛选出心仪的公司，我根据所提供的人事部邮箱逐一发了"定制化电邮"和简历，才终于在第二天的凌晨3点，心满意足地补眠去了。

那天之后，我每天最迫切的就是睡醒后查邮箱，期待能收到面试通知书。然而，第一天没有，第二天没有，第三天也没有，第四天还是没有……

简历石沉大海，杳无回音。

我一天天失望叹气，又不死心地继续向新公司发邮件，竟在一周内发出了八十几封！

果然皇天不负有心人！我在第九天收到了一家国际银行的邮件通知，告诉我他们决定给予一次电话面试的机会。我当时激动得惊呼出声，把在客厅里翘着脚刷手机的室友吓了一跳。坦白说，我都忘了自己应聘的是什么职位，也不了解电话面试的流程，只好赶紧在约定的时间前恶补一番。

终于等到关键的那天，我在清晨6点就醒了，早早爬起来洗漱打扮，再反复背诵准备好的"标准答案"。室友看我纠结起穿什么才好，忍不住提醒道："是电话面试！又看不到你的脸！"

"对哦！"我恍然大悟，默默将招聘会当天穿的西装三件套挂回衣橱里，但最终还是选择了半正式的白衬衫搭配牛仔裤。没办法，不做点什么实在难以平抚自己的焦虑，而且我认为多创造一点仪式感，可帮助我更好地进入面试状态。

我清楚地记得，面试电话在下午5点20分打了过来，听对方说他是银行面试官，我压抑不住激动，立即自我介绍并将履历大致说了一遍。说完了才意识到自己的失态，我刚要懊悔，对方却笑道："说得很清楚，看来是做好了准备啊！不过别紧张，这一轮只是想简单地了解一下你的性格、背景和未来规划。"

电话另一头的嗓音年轻明朗，却稳重有力，让我有些意外，感受到对方传递来的鼓舞，我重新调整好状态，在接下来半小时的面试中回答得还算顺利。

感受到对方的语气明显带着认可，我在预料之中获得了第二轮小组面试的机会。依稀记得在银行总部看着一身正装的银行高管们在各自岗位上忙碌，有的神情严谨犀利，有的笑容开朗朝气，无论什么样子都浑身散发着笃定与自信，让我心向往之。

"努力吧，Zoe！一定要争取成为他们当中的一员！"

我在内心给自己默默打气，可当走进面试厅时，却被眼前的一幕惊呆了。原以为小组面试也就五六人，哪知竟有三十多人，大部分看上去都是和我一样的应届毕业生，还有一小部分是脸上明显带着岁月痕迹的中年人士。

小组面试分为三个部分，首先是每个人3分钟的自我介绍，然后是分组进行团队演说，最后是面试官提问。我在家对着镜子练了上百遍的自我介绍，心想这根本难不倒我，我也对自己的表现很是满意。然而，能进入小组面试的人都很优秀，我不禁开始怀疑，自己凭什么能脱颖而出呢？

由于人数太多，光是其他面试者的自我介绍，我就听了快一个小时。再怎么想要维持满分状态，我也忍不住昏昏欲睡，以至于在小组讨论时，只能被动地接受积极型队友们分配的"任务"。思维灵活不起来的我自认表现得很一般，结束演说后既沮丧又无力，便心不在焉起来。我本能地观察起其他面试者，发现有人已面带倦容，有人在不停打呵欠，有人自信满满……

我饶有兴趣地看着，一时间，仿佛自己成了"局外人"，紧绷的神经得到了缓解，思维及耳目又都灵活起来了。我还用余光瞥见好几位面试官不停地低头写笔记，意识到自己现在的任何表情和一举一动，或许都会影响到面试成绩。我赶紧正襟危坐，收回游动的目光，脑子忽然传来一股声音，呼唤着我必须做点什么，才能给面试官们留下强而有力的好印象。

"既然各组已呈现完毕，现在进入下一个环节！大家目前感觉如何，有什么想问的吗？"一位面试官突然开口，话音一落，鸦雀无声。

场面僵持了一分多钟，看面试官略微皱眉，我不知哪来的勇气与冲动，竟举起手说："您好！我感觉大家似乎都很紧张，想唱首歌缓缓气氛，可以吗？"

我说完后把自己都惊住了，面试官也一样愣了半晌。"你想唱歌？""是啊，我想给大家唱一首歌，保证你们从来都没有听过，因为是我写的！"

我能够感受到旁人投来的诧异的目光，甚至有人开始窃窃私语，估计是在嘀咕我怕不是疯了吧！

看着几位面试官交换眼色，最终都点头同意，我便站了起来，简单说明那是我 14 岁时写的一首原创情歌，歌名叫作《蚊子》。

深黑的夜里，独自在想你

你我的爱情，不言的结局

Oh yeah……不觉让我打开自己的字典

翻开我们一张张照片，不觉让我思念你的微笑

他已经飘忽在天边……

Oh yeah……

Rap：

酷酷的夏天，我躲在房间看着你们照片

我瞎想翻翻，突然有只蚊子它咬了我的鼻子

正当我起板子，它跑向柜子，让我想起痞子

你手中握着我的心情，腰中系着我的感谢

为什么那么无情，留我独自 watching

Oh dear……You are losing

朋友说我迷失了方向，爱你爱到花都谢了

可你却像只蚊子，狠狠咬我一口，就走了

　　我闭着眼，唱着歌，左手自然垂在腹部，右手微微抬起跟着节奏摆动。那是我再熟悉不过的一首歌，每每哼唱，都能让自己轻松陶醉其中，感受那种全世界平静得唯有自己存在的状态。

　　一曲终了，我停顿了两秒，迟疑地睁眼回到现实，在尴尬来袭前赶紧说了句"谢谢大家"，便立即坐下。这时，雷鸣般的掌声忽然响起，我始料不及，受宠若惊，与此同时成就感油然而生。

　　那是我记忆中最动听、最深刻的一次掌声，让所有压力骤然消失。

　　因有了我的"奇葩行为"，面试氛围热络起来，待面试官再次进行提问，无论是开放回答或指定某人回答，大家都明显能轻松应对。我当然也被点名提问了，看面试官在我答题后给予了一个点头微笑，便知道这次过关也是八九不离十的。

　　后来，我在一周内收到了下一轮面试的通知，向电话那一头的人打听，才发现成功晋级的只有三个人！我正沾沾自喜，对方却说："下一轮可是压力面试，主要测试你的抗压能力，你确定你能受得了吗？受不了的话，现在就能拒绝了。"

对方紧接着强调了压力面试的挑战与难点，反复让我做好心理准备，想清楚了再接受。我心想："你都说得这么清楚了，还有什么好怕的？"于是兴高采烈地应承下来，并表示自己没有任何问题。

独自在海外留学居住那么多年，我想我最不缺的，就是抗压能力了吧？

压力面试当天，我信心满满，并发现面试官从原本的好几位减少成一位，心态就更轻松了。对方是位四十来岁的中年男子，看我进门依旧不苟言笑，犀利的眼神仿佛雄鹰在蔑视一只误入它领地的小麻雀。

示意我坐下后，他反而斜靠在椅子上，双手交叉摆在胸前，一副居高临下的姿态，冷漠道："这个岗位的离职率很高，既辛苦又无趣，你凭什么觉得自己能胜任？"

"我学习能力很强，也很愿意吃苦，只要给我这个机会，我一定尽最大努力！"我不假思索地回答。

对方扯了扯嘴角，戏谑道："来面试的人都这么说，你们这些草莓族①，和我谈吃苦？怕不是纸上谈兵而已吧？"

听他轻佻的语气，我立即意识到，这是在刻意刁难！我下意识

---

① 草莓族：多用于形容 20 世纪 80 代出生的人走出校园、初入职场时的样貌，看起来光鲜亮丽，却承受不了挫折，"一碰即烂、一压就扁"。

反驳："我在确保大学成绩优异的情况下，还在很多社团活动中担任领导角色，此外也积极参与志愿者工作，有很多独挑大梁及兼顾繁重任务的经验。"

"小朋友，这叫什么压力？工作后的世界是你无法想象的，在你没有任何客户之前，你就是个'打电话机器'，每天至少得打上百通电话，还会收到无数的拒绝，有的人甚至会接起电话就开骂。日复一日地打电话……你能接受吗？"

"我有信心能做好！"我垂放在膝盖上的手都捏成了拳，在他不怒自威的气势下，努力坚定不移地盯着他的双眼。

但是没用，什么都没用。

无论我如何答复，如何证明自己，如何在面上故作镇定，他都不放在眼里。他消极的态度、强烈的否定，狠狠地将我的自尊心和骄傲打碎，让我一度认为，自己简直一文不值。

我告诉他，若实力不入公司的法眼，那我会很努力，而他却说努力是最没有用的。那一刻，我崩溃了。连努力都没有用，那已经被完全否决的我，还能靠什么翻盘？那些我最引以为傲的东西，原来到了社会中，就那么不值一提吗？

看我隐忍着哽咽，眼眶里泪水在打转，他却突然笑了——是那种嘴角微微上扬，皮笑肉不笑，眼神依旧充满轻视的笑。

他甚至笑着问："现在，你还觉得自己能胜任这份工作吗？"

从那一刻起，我的大脑一片空白，只记得自己最终是落荒而逃的。

一踏出大楼，感受到烈阳无情的暴晒，我压抑的情绪一下爆发，瞬间泪流满面。向来爱端着的我再顾不得形象，掏出手机便给远在国内的爸爸打了个电话，放纵地哭诉遭遇。我边走边嚎啕大哭，即便不断有路人投来诧异的眼光，我也不予理会。

爸爸全程静静地听我倾诉委屈，等我终于不再抽泣，才安慰道："乖女儿，咱们不面试了！没关系，大不了回国，你还有爸爸妈妈做你的依靠呢！"好不容易止住的眼泪，又决堤了。但这一次，是被一股暖流填满了全身，让我感动得又要落泪。正是这一刻，也让我深刻地体会到什么是唯有家人才能给予的安全感。爸爸说得对，大不了回国，我还有家人能依靠！

如果能够顺利被录取是最好的，如果不能，那我继续投简历、继续面试不就得了？我就不信，自己找不到一片立足之地！

心情平复下来后，我开始回想自己有没有在面试时失态。由于实在想不起后半段的对话，我灵机一动，给那天通知我面试的人事部发了一封邮件，阐述自己的满腹挫败。我没有为自己辩解，反而大方承认自己怂了、懦弱了、被打击到了，但无论处于掉以轻心或真的实力不足，都不会再让自己重蹈覆辙，也不会哀求公司予以我复面的机会。我感恩对方的犀利，让我上了一次人生课堂，感谢人事部及主管付出的时间，给了我一次挑战的机会。

但俗话说得好，此地不留人，自有留人处嘛！与其执着，不如潇洒，这样更符合我的人生态度。心境开阔了，仿佛一切就都顺利了。后来，我经历了长达两个月的七轮面试，最终被这家国际银行录用，在 2010 年 6 月 11 日入职。

很多年后，在我已独当一面，能代表部门管理层去总部开会时，我遇到了那位对我进行压力面试的大叔。

他对我说："你后来发的电邮，人事部转发给我了。Zoe，你知道吗？让我认可你的从来不是学校成绩，不是那些履历，而是你的率性灵活和积极主动。像你这样的年轻人，一定能够厚积薄发，不管在哪里都会闯出一番作为的，我果真没看错你！"

当时，他还调侃很遗憾没听过我现场清唱那首《蚊子》。

这件事在公司里被当成了"传说"流传，至今偶尔还会被同事们拿出来分享。

因同事大叔提起，我又被迫想起当时的懵懂冲动，也回忆起我确实写过那么一封不愿认输的邮件。当时究竟哪来的胆子，我已经不记得了。但我很庆幸，自己选择跟随直觉，做了想做的事，说了想说的话。无论是演唱《蚊子》，还是发出那封看似"大逆不道"的邮件，与我能得到第一份工作的入职机会，都有着很密切的关系。

我想，人生有的时候就有些莫名的冲动，做的一些事或许不会在当下为你带来任何实际效益，却能在未来的某一天派上用场。14岁的我一定不会想到，被一部偶像剧打动而写下的情歌，能让我拥有了自己的"特别之处"，在关键时刻于起跑线上领先了别人那么一小步。

我愿将这些冲动都称为"神谕"，或者通俗点说便是"灵感"。若你将来也有类似的冲动，不管它想让你做的事有多微不足道或离谱，都不妨放胆一试。这或许正是生活为你埋下的彩蛋，不到揭晓的那一刻，你永远不会知道它能迸发出多么璀璨的火花，让你收获多么精彩的人生。

04/ 职场新人

2010 年 6 月 11 日——我人生开启了新的篇章，我从学生身份转变成了职场人士，正式上岗前我需要参加银行的新人统一培训。

趁着开始培训前的一个周末，我逛遍了大街小巷，把自己的衣柜重新翻新了一遍，学生时代的 T 恤牛仔裤已经被压入箱底，取而代之的是各种不同颜色的衬衣、长裤、西装外套。早上 6 点半起床，拿出前一晚上搭配好的衣服，夹着面试时曾用过的公文包，飞速地化了个简妆，啃了块面包，冲出了家门。

路上堵车，等我到达培训中心教室的时候门外已经没有什么人了，我快速完成了签到，走进教室，这时候才看到大家都已经端端正正地坐下了。参加培训的新员工有四五十人，男士都打着领带，女生都穿着高跟鞋，化着精致的妆，穿着职业套装，有一种穿越的感觉，觉得自己眼前一张张稚嫩的脸，打扮其实不太符合年龄。

导师开始给我们讲解培训的计划安排和流程，从银行文化、各个不同部门的职责到产品知识类培训，从不同部门的管理层分享会，再到最后的考核，整个培训历时七周，近两个月。

"你每天出门前一定要问自己两个问题：第一个，你看起来像银行家吗？第二个，你看起来像国际银行的银行家吗？"仪表培训课导师和我们这样说道。她留着一头漂亮的长发，皮肤白皙，脸庞清秀，看起来温温柔柔的，但说话很有力。

导师开始检查我们每个人的着装。"你的裙子没有过膝盖，不可以！""你怎么穿着运动鞋来培训？""你的外套太不正式了！"导师走向我，指着我的鞋子问道："你的鞋还露脚趾？！"

我的脸瞬间变得通红，火辣辣的。那天是培训的第四天了，前三天我坚持都穿高跟鞋，每天回到家都觉得自己的脚快要废了，于是找出了一双黑色的、露了一点脚趾的平底鞋，那是我唯一一双还算是正式的平底鞋，结果那天就被抓包了。"导师，现在只是在培训，又不是见客户，需要那么正式吗？"在我身旁的一个黝黑的马来小哥睁着大大的眼睛问道。"你永远不知道你的客户在什么时候出现，你时刻都要做好准备，提醒自己是个银行家，以高标准要求自己！"导师加重了语调。

五周的专业知识培训，笔试整整16门，考完后我已是精疲力尽，正在大脑放空想着晚上要去哪里吃顿好吃的庆祝一下的时候，耳朵里传来了导师的声音："下面进行角色扮演考试，每个组员抽取案例，准备半小时，半小时后每个组会派导师来当客人，你们来扮演银行家，给客人介绍银行及银行里的不同产品，客户会提出很多疑问，也会拒绝，你们必须得到客户认同，才算是成功销售，这将是我们最后的考核内容。"

"什么？这才是最后考核，那之前我们考的16门还不算？"我看了一眼手表，已经是晚上 7 点半。

我的导师叫 Maggie，40 岁左右，一头干练短发，穿着长裤长衬衣，戴着一副眼镜，看上去就很凶很严厉。她都没等我自我介绍，就开始了。

"我让你们不要老给我打电话，为什么又打给我？"

"李总，不好意思又打扰您了，因为您是我们的尊贵客户，所以我们想尽力服务好您，看银行方面有没有什么能协助您的地方。"

"我没有需求。"

不管我怎么想尝试和她进入案例正题的讨论，她都坚持说自己对什么都不感兴趣，我当时心情很急躁，心里暗自 OS（独白）："不是这样的啊，你为什么不按常理出牌，你不是应该说你对房产贷款有兴趣吗？不然我怎么进行下去，这不是故意为难人吗？"

我说话都有点结巴了。

"这样吧，我可以给您先介绍一下我们银行的明星产品，房产贷款。"

"房贷？我暂时没这个需要。"

我脑子疯狂在打转。

"没关系，我可以给您简单地介绍一下我们房贷申请的程序和要求，说不定您可能会有这方面需求呢，只需要耽误您 5 分钟。"于是我开始滔滔不绝地讲述房产贷款的整个程序、所需资料及申请的要求。

"那每个银行都有类似的贷款，你们有什么不同？"

"我们利率相比其他银行更有优势。"

"你们现在利率多少？"

我突然傻眼了，我只了解了银行产品的大致内容，并没有精确到记住利率，况且利率是天天变的。

"我们利率……"我开始疯狂翻我的书和笔记本，心里很焦急，感觉掌心都出汗了。

"Zoe，你这样出去销售会丢银行的脸。"

"对不起导师，我……"我当时心里是很气愤，觉得她是在刻意为难我，我觉得自己已经尽力了。

"你今晚准备一下，明天继续，如果你过不了考试就不能出去卖产品，我们会通知你的部门领导。"

我内心嘀咕道："通知部门领导是什么意思？让我走人？我面试了七轮，培训了近两个月，让我走人？"

我们的角色扮演是在培训中心独立的玻璃房间，在整层的正中央，Maggie说完话，立马收拾东西走了出去，我坐在椅子上背对着玻璃，泪水止不住地流了下来，我不希望被人发现我在哭。还没有正式上岗呢，这就被淘汰了？万一她要真的和我的领导说，那我可真是完蛋了。我开始设想一万种可能将要发生的不好的情景。

"别瞎想了，还是好好准备吧，这才是你当下最应该做的事！"我把自己拉回了现实，心里不断暗示自己一定要好好准备，然后随手发出了一个信息给Maggie。

"亲爱的Maggie，谢谢您的教诲！我今天一定会好好努力，明天不让你失望。"我不知道自己为什么会发出这条信息，也许是给自己的鼓励，也许是那一股不服的"气"，让她知道我会努力证明

34

自己。

　　到家已快 11 点，我把培训七周的内容全部复盘了一遍，总结并列出银行每个产品的卖点、申请程序等。到了第二天，收拾好心情，这才反应过来自己只睡了两三个小时，但精神状态极佳，恨不得立马把自己昨天准备好的东西一股脑儿地输出。

　　不知是不是我的心理作用，感觉今天的 Maggie 明显没有昨天那么犀利了，柔软了不少，我的角色扮演进行得出乎意料地好，我成为最后一个通过考核的新人。

　　"Simon，这是你们团队的新成员 Zoe，我交给你了。"Maggie 把我带到了 12 楼银行的贷款部门，对着迎面而来的高高瘦瘦的男生说道。我上下打量了一下他，175 厘米左右，高挺的鼻子，清秀的脸，我在校园招聘会上和他有过一面之缘，当时想这家银行员工的颜值还真不低，没想到居然最后分到了他的团队。

　　我们在会议室聊了会儿天，我才知道他是上海人，也是十来岁就远赴新加坡留学，两年时间便做到了银行主管。

　　"大家停下手中的工作，我给大家介绍一下我们团队的新成员 Zoe。"楼层一角几排座位的人员都停了下来，拿掉了头上戴着的耳机，有的放下了手中的文件，一同走向 Simon。Simon 带我和团队的成员一一打招呼，大家都很热情，都和我说有什么能帮得上的地方让我随时开口。我的第一印象非常好，感觉团队的工作氛围轻松愉快。

　　"我们团队的宗旨是'Work hard，play harder'（努力工作，更努力玩乐），所以前提是你要很努力地工作。"那肯定的，还没等我接话，Simon 接着说道："我给你一个任务，每天至少要打 80 通电话，咱们的工作说得好听是商业财务经理，但如果没有客户，你就是个——打电话机器。"这是我第二次听到这个词。

"所以我们的工作是个数字游戏，你打得越多越有机会，当然技巧是另外一回事。"Simon 瞪着大大的眼睛，一脸严肃地和我说道。

"我会的，谨遵教诲！"从进入团队的第二天起，我就开始了疯狂打电话模式。

"您好，我是 ×× 银行打来的……"还没等我说完对方就挂了电话。

"你们不要再给我打电话了，烦死了，再打我就要报警了！"我还没开始说话，对方已经开口大骂。

"对不起，对不起！"我忙着道歉，但却不知道何错之有。

千奇百怪的各种拒绝，让我感受到了极强的挫败感，我开始回想起压力面试时，那个大叔的话。

两周过去了，我翻看了自己的电话数据记录，平均每天九十多通，两周下来上千通电话，竟没有有兴趣的潜在客户！正当我垂头丧气、自我怀疑的时候，我听到了斜对面的同事 Adeline 的笑声，她上班期间居然在给朋友打电话！还真是有闲情逸致，我内心一边嘀咕着，一边好奇于她们在聊的内容。不，这不应该是和朋友在打电话，和客户？！和客户可以聊得这么开心？我半信半疑，等她电话挂了，还没等我回过神来，Simon 走向了 Adeline。"聊啥呢，这么开心?""噢,我刚打电话给一个新的客户,他说他正在巴厘岛度假,我说我常去巴厘岛,我给他推荐了几家巴厘岛的餐厅和酒吧,他很开心和我分享他在一家餐厅里遇到的有趣的事。"

我没听错吧?她和客户分享餐厅?不是打电话分享银行产品吗?我满脑子的疑问。

下班时候,Simon 过来问我这两周打电话进展得如何,我和他吐槽了一番我被各种拒绝环绕的苦水。Simon 笑了笑,说道:"每个新人给我的回馈都一样,你要多向前辈学习,例如 Adeline,她是我们部门的销冠。"

"Adeline?销冠?"我感觉自己受到了不小的震撼,一小时前我还在嘀咕着她不务正业,上班时候和朋友打电话,结果她是销冠!

夜晚我辗转难眠,眼前浮现的那一幕是 Adeline 拿着电话和客户开心地交谈,一边的她聊得嘻嘻哈哈,风生水起,另一边的我,一直和客户说抱歉,鲜明的对比,我感觉自己受到了震撼,原来打电话是可以这么轻松的事,并不需要那么一本正经、规规矩矩。

我要求自己在拨打电话之前,无论心情如何,都要调整好,带着笑容去跟别人联系,因为笑容和语气是能通过电话里的声音辨别出来的。我们常常能在一通电话后,判断出对方是心情不错,还是郁闷、沮丧。而保持笑容,会让别人乐意接你的电话,因为你带来的总是不错的情绪,没有人是愿意和电脑语音机或复读机交流的。

另外,不再以销售为目的,我给自己设立了全新的目标,就是尽可能多地打有效电话，有效电话是指通话超过 2 分钟，我告诉自己对方如果愿意听你说话，那么你也就成功了一大半。

下班后整层办公室只有我和几个同事还在，我把所有客户各种千奇百怪的拒绝理由进行总结归类，然后白天趁午休时间向主管及资深的同事们请教，梳理了他们回复客户的不同方式，原来居然可以这么回答！我不得不感叹语言的艺术。我也把自己放入不同客户的角色去思考哪一个回答会让人更加舒心，反复记忆这些回复的内容，让自己达到张口就来的程度。

除此之外，我给自己设了一个 5 小时目标，把手机锁在抽屉里，除了电话，其他什么也不碰，集中精力打电话。当我这么做的时候，发现一天竟然可以轻轻松松打到近 200 通，这可是我过去接近三天的数量，感觉从数字上来说自己已经走在大多数人的前面了。

"这是餐厅的电话，老板不在，有什么能帮忙的吗？"电话那头传来了一个很温暖的声音。"麻烦您了，这是银行打来的，请问你们餐饮集团的老板一般什么时候在餐厅呀？""我们老板是意大利人，这是他投资的很多公司里的一家，他不常来餐厅。""那阿姨您在餐厅工作很久了吗？"我和那个餐厅阿姨开始闲聊，从她是怎么来的餐厅到她以前开餐厅的经历，再到她的家庭，快挂电话的时候我看了一眼电话记录，快 40 分钟！"阿姨，很开心和您聊天。"我正准备挂电话，对方回答道："你把你的联系方式给我吧，等我们的财务总监来了，我和他说一声，如果我们需要贷款，我让他找你。"那通电话，说实在的我没有抱太大希望，觉得她可能只是礼貌一下问我要了手机号码，但没想到三天后我居然真的接到了那家公司财务总监的电话，说集团准备多开几家连锁餐厅，会有资金的需求，除了餐饮集团，意大利老板名下的其他两家公司也在考虑贷款。电话另一头的我，惊喜若狂，仿佛像中了头奖一般！那是我在银行做成的第一笔交易，那笔交易让我登上了新人排行榜榜首。

我一直认为，世界上大多数的事情是相通的，重点永远不是事情本身有多难，而是你能把事情做到什么程度，只是我们常会说服自己，觉得自己没法突破的原因是待错了地方，又或者生不逢时。其实不然，当你把重点放在自己究竟能把这件事干得怎么样，而不再给自己找各种理由和借口时，你才走上了真正正确的道路。

人生其实是一个累积经验值的过程，你的经验值不够就没法升级，作为新人，一定不要害怕被拒绝，不管是客户、主管还是同事。压力到动力的转变很多时候就在那么一个瞬间，或许是一个视角的改变、一种思维的改变，或许是一篇文章，又或许和我一样，只是那一通电话、一段别人的笑声。

05/ 成交公式

下面想通过三个职场小故事，分享我在金融界闯荡多年后总结出来的"成交公式"。

勇于坚持自我

初入职场的前三年，我已基本月月稳坐销冠，每天都神采飞扬，带着满满的成就感上班。若问我在这新人时期，做过最有成就感的事是什么，答案并不是完成那笔数额最大的销售单，而是拿下了一个"两百多岁"的大单。

当时我入行才五个月，有幸获得新客户的认可，说是要把我介绍给一家大公司的老板。客户再三叮嘱我要好好准备，但不肯事先透露公司名字，只是神秘兮兮地说："你联系了就知道了。"

所谓"知己知彼，百战不殆"，习惯做好万全准备再全力出击的我，这次竟不知该从何下手。我不禁想起，自己曾踩着高跟鞋，穿着衬衫长裤去见一家蔬菜批发中心老板。地点是蔬菜批发厂，老板和员工都是拖鞋与 T 恤短裤的标配，只有我一个人格格不入。尽管对方并不介意，但此事在我心里敲响了警钟。我开始改变着装习惯，不再盲目选择职业套装，而是根据客户的行业及见面场所选择着装。

可是直到约好见面的当天早上，我仍没收到客户的背景资料，对方的秘书也尚未提供时间地点，该怎么办呢？早就向公司报备要外出的我，在家中已化好了淡妆，准备随时换衣出门。我还挑选了一套精英风正装和一套知性风淑女装，万事俱备，只等秘书小姐的一声通知。等待的过程中，我对这家神秘的公司充满了好奇，不断猜测它究竟是属于哪个行业，又拥有什么样的规模。

那天，我在纠结中独自吃了午饭。因为惦记着要随时出门，我只敢烧壶开水，煮个杯面，聊以充饥。就在我怀疑对方是不是把我遗忘的时候，秘书小姐终于发来了短信！短信中写道："Zoe，你好，我们董事长刚开完会，以下是公司地址，你现在方便过来吗？"

我精神为之一振，当即搜索地址，发现那竟是新加坡排名前十的上市公司总部！难以置信的我顿时开始紧张，一度认为是不是自己眼花了或网上信息不准确。但经过询问，秘书小姐肯定地回复说："对，就是这家公司。我刚跟董事长确认了，我们 3 点见哦！另外，提前让你知道，除了董事长，还有三位大股东在场哈。"

上市公司、董事长、大股东？！三个关键词让我这个还没有太多历练的职场新人的心情，顿时如坐过山车一般，我既激动兴奋，又紧张害怕。要知道，才 21 岁的我在此前都没有单独见过任何上市公司的负责人。突如其来的大阵仗，我能搞得定吗？

低头用手机查看时间，是下午 2 点 15 分。距离约定时间只有 45 分钟，紧迫感使我暂时中断胡思乱想，先换上我最正式的套装，检查了所需文件，并急匆匆出门打车。那可是打车软件还未盛行的年代，庆幸的是我早已做好准备，出门时虽略显匆忙，但并不焦虑。

这家上市公司的总部位于工业区，好几幢设计现代化的灰白高楼紧密排列，映入眼帘的景象宏伟高端、格外气派。我心中不由得升起一丝"小傲娇"与"小确幸"，觉得自己年纪轻轻就能和上市公司老板们面对面谈生意，不管成功与否都是件值得骄傲的事情。

之后被接待人员领至会议厅等待，看着那如同电视剧里一般严谨大方的陈设，庄重肃穆的空间，故作镇定的我忍不住再次暗暗赞叹。会议厅十分宽敞，中间摆着一张长长的会议桌。主位肯定是不能坐的，为了能第一时间迎接大老板们的到来，我当即选择了面对门口、背对落地窗的位置。

刚坐下没多久，就有人敲门而入。开门的虽是一位让人看不出年纪的漂亮姐姐，但她只是微笑点头，就立刻为身后的四位男士让路。那四位个个西装笔挺，有两位已满头白发，看上去苍劲老练，另外两位更加年轻，但目测也已年过半百。其中一位便是董事长，他脸上的表情也最严厉，自带一股不怒而威的气场。在我暗自打量这四位大老板的同时，也精准捕捉到了他们眼神中的吃惊。他们大概在想，银行怎么派了个"小毛孩"来与他们对接。客套一番后，四人齐齐在我对面落座，形成了四对一的画面，对阵感十分强烈。

四人不愧是久历商场的大老板，尽管一开始明显有些惊讶，此刻已毫不留情地向我抛出各种刁钻难题。他们的提问一个接着一个，似乎不准备给我回答的机会。但我不慌不忙地在笔记本上记录，等他们问完一轮，我温和地笑着说："在我回答这些问题之前，能否先向四位请教几件事？"那位董事长听闻，立即回答说："你先回答一下我们的问题吧！"明明不带情绪的话语，却让人听出了满满压迫感，我连忙正色道："您先等等。是这样的，我认为先了解贵公司的一些情况，才能更好地针对你们的需求，解答刚刚提出的疑惑。如果略过需求去谈金融方案，可能并不那么有效。四位的时间都很宝贵，我希望今天能够让你们觉得没有浪费时间和我这个小屁孩开会。"是的，我还自嘲了一会儿，舒缓了当时的紧张氛围。

董事长松口回答道："行吧，你问。"

我就这样掌握了会议的节奏，开始深入了解该公司的实际需求。接下来的两个小时，我与四位老板在一问一答的循环中顺畅交流。我自认为表现得还算得心应手，心想这不愧是我五个月来每天反复在脑海中演练的成果。模拟了无数遍的"大交易场面"，真正操作起来，可谓事半功倍。

最终，我成功拿下了这"两百多岁"的大单。我也才明白，它之所以被介绍人这么戏称，是因为四位决策者的年龄加起来超过两百岁——比我当时的年龄，整整翻了十倍。坦白地说，在听到那位董事长让我"尽快写好方案"、准备"早日签订合同"时，我有一瞬间都懵圈了。

这就谈成功了？我说了什么？对方怎么这么爽快？直到我们都站了起来，一一握手，我还是不太敢相信自己的耳朵。散会前，那位董事长特地向我走来，温和地询问道："Zoe，你工作多久了？看上去很年轻啊，没想到这么专业。今天的面谈很有效率，都是你的功劳，做得好，继续努力！"

尽管受宠若惊，我还是镇定地回答道："我工作挺久了，感谢您信任我，给我这个机会！"那一刻，我特别感恩自己生活在一个不论资排辈的年代。尤其在销售领域，只要你足够敏锐，能洞察客户的需求，足够专业，能分析并推荐最适合的方案，加上坚持不懈的精神，想"白手起家"打下自己的天地，其实并没有想象中的那么难。

后来，我和这位董事长成了忘年交。有一回，我们聊到了当时初见的场景，我问他为什么只见了一面，就决定把公司的金融计划交给我。他说："你是第一个，敢在我面前坚持自己立场的银行职员，还反过来问我问题。这样勇于在权威面前坚持自我的精神，让我很欣赏。而且你准备得相当充分啊，我有什么理由不和你签约呢？"

回想当初，我仍觉得自己的表现可圈可点。但如今已几经人生波折，我开玩笑似的回答道："当时还年轻，天不怕地不怕的。换作现在，我可不一定会和你说 No 了。"只能说，懂的人都懂，而我们两人不禁相视而笑。

44

做事先做人

　　某个周末的早晨，接到了来自客户安小姐的电话。她说："Zoe，你把贷款合同带过来，我们签了吧！"这从天而降的单子，让我喜出望外，之前都只是在电话里与安小姐沟通，这一次总算有机会能见到她本人了。

　　在电话里，安小姐给我的印象，是个做事雷厉风行、果断利落的女强人。当我抵达她的工作室时，只见到处都是堆积成山的衣服，她也明显看起来无精打采，在翻阅我递给她的合同时，更是眉头紧皱。我隐隐觉得她状态不佳。

　　她看着合同突然闭目叹息，我上前问道："安小姐，您还好吗？是最近压力太大了吗？""没事，我还好……是啊，最近压力太大了。"我等她缓过神来，从她手里悄悄地拿开了合同。"安小姐，咱们先聊聊，电话里和您沟通过，以贵公司现在的情况来说，必须得有人签署个人担保协议，银行才能给出贷款。这就意味着，一旦公司破产，您也会有连带责任。您不妨再多考虑一下？"

　　"不用了。Zoe，我签了吧！不拿这笔贷款，公司资金周转不过来，我得裁员关店。那些可是跟着一起拼搏多年的好姐妹，我不能让她们失业！"安小姐斩钉截铁地回答道，眼里的光芒因执着越发闪耀，却衬得几日辗转难眠的脸色越发暗淡。

　　不想让她陷入当下的负面情绪，我便开口询问她的创业初衷和过程。这才知道，安小姐二十几岁时就独自来新加坡打工。她从一个服装店的"看店小妹",做到能够自己开店当老板,过程并不容易。好在因为她眼光独到,入手的服饰基本上到店就能被抢购一空,很快就开始回本。后来,安小姐自创了服装工作室,也聘请了和自己一起当过"看店小妹"的好友们一起经营生意,转眼就从独立工作室发展至拥有12家连锁分店的自营品牌。然而,2008年的金融危机,让她的品牌业绩下滑得厉害。我在她身上,深深感受到了"创业容易守业难"的无奈。我突然想到了前几天在报纸上看到的新闻,随即说道:"安小姐,最近政府有推出专门为扶持企业而设立的贷款项目,我们银行没有参与,但没关系,我去帮您打听一下,看看哪些银行有提供这类服务,到时候我可以帮您对接。如果有政府的资助,利率更低,也不需要签个人担保,对您现在的状况是最有利的。"

见安小姐仍有迟疑,我进一步安抚说:"我知道您现在急需资金周转,但说实在话,有更好的选择,就一定不要冒着个人负债的风险。当然,如果您要坚持,我是可以立刻帮您落实合同,直接推进个人担保的贷款程序的。"

那天,安小姐没做出明确选择,只让我先离开。我回到公司就立马联系了好几家银行的同仁,要到了可以做政府资助的贷款项目的银行职员联系方式,一并发给了安小姐。

数日后,安小姐突然打来了电话,告诉我她的公司能满足政府的贷款条件,可以申请这个政府扶持的贷款,利率比我之前给她的要低一半。

安小姐还在电话里一直感谢我,说要请我吃饭。那天的饭局上，除了安小姐还有其他几位本地的优秀企业家。后来的某一天，我收到其中一位企业家的电话，说是未来让我负责他公司的所有贷款业务。我这才意识到，安小姐那天不单单只是想请我吃饭，她是故意组的局，想给我多介绍一些客户。

这件事让我也反复地思考了很久，我从中领悟到"做事一阵子，做人一辈子"的道理。当你学会换位思考，从对方的角度出发，能提供最真诚的建议和帮助时，就能收获真诚与信任，也许还会带来无限的机会和可能。哪怕表面上看似折损了自己眼前的利益，但将目光放得长远，才能一直保持自己的独特优势。

寻找共同点

"Zoe，你要不要接受一个挑战？"某天开完早会，前辈 Simon 走向我，一脸认真地发问。尽管不知是什么挑战，我仍下意识就兴高采烈地回答道："好啊！什么挑战？"只见 Simon 的表情成了"囧"字，反问道："你确定？"我才发现事情可能没我想象中那么简单。

"那个做物流的黄总最近有贷款需求，你要不要试试？"明明很普通的一句话，Simon 却一脸视死如归。他说的，是业界出了名的不好打交道的老板。就连我们银行的销冠师姐都搞不定的人物，居然要让我试一试？

就在前几天，一向脾气甚好、让人如沐春风的师姐，还曾为此在公司大吐苦水。她说，黄总根本没等她开口，就把银行大骂一通，批评网银不好用、汇率太差，说我们的贷款程序太复杂太多余。

师姐才刚接手他的业务，什么都还没开始做，也被连带着臭骂了一顿。后来，师姐宁愿少这一份业绩，也不愿意负责黄总的业务。公司继而派出了在银行工作十多年的资深男经理，认为凭借他的经验和抗压能力，应该没什么问题。哪知道，这回连他也垂头丧气地归来。公司上下都深知，黄总是个难搞的角色，没有人愿意去接手他的账户，因此 Simon 才找上了我——一个理应还不怕"老虎"的新人。

当时我心里想，作为新人，如果没能搞定黄总，并不会丢人，毕竟那么多前辈都去尝试过了。但万一能搞定，那就是个人一大突破了。"好，我来试试！"脑子一热的我，就这么接过烫手的山芋。

撇开暴脾气一事，我对黄总的"创业神话"算是耳熟能详了。尽管如此，我决定不要只是"道听途说"，亲自在网上搜了关于他的事迹。我这才发现，他居然接受过这么多采访，竟有"多次创业失败""坚持做物流行业的清流""清华 EMBA 客座教授""物流界的慈善家"等为主题的多篇个人报道。

看着看着，我不禁在心中感叹道："这是个很有趣的人啊！"翌日我便兴致勃勃地联系了黄总的助理，成功地安排上了会面。被助理领进黄总办公室时，我被这满是中华风摆设的空间，给深深震撼了。架子上摆放的不是一堆堆文件夹，而是各种花瓶和古董摆件，墙上挂着国画和书法作品，办公桌上还有小茶几和一整套青花瓷的茶具。很显然，办公室的主人对中国传统文化深感兴趣。

此外，有文件的地方都排列整齐，空间里的摆设虽多，但一点也不杂乱，看得出他还是个一丝不苟、严谨庄重的人。我还发现，墙上贴了几张照片，其中包括一家人的合照（黄总夫妻、两个女儿，还有一只宠物狗）和他穿着学士服在清华园拍摄的单人照。

不多时，黄总匆匆走进办公室。我想起师姐那天的经历，决定先下手为强，开口说道："黄总，真是不好意思，知道您今天特别忙，我还来打扰，真是抱歉了！我是 Zoe，从今天起接管您在我们银行的账户，这是我的名片！"

就在黄总接过名片时，我紧接着又说："黄总，看您这里茶具这么齐全，是喜欢茶道吗？您一般都喝什么茶？"

神情严肃的黄总，在听我提及"茶道"时，仿佛眼里看见了光。他回答道："从绿茶、乌龙茶到红茶，我都会喝。但我个人比较喜欢红茶，尤其是红茶'香槟'。"

我曾因为大学时期采访并结识了茶道达人孙东耀博士，跟着他学习过一段时间的茶知识，也读了几本关于茶的书籍，算是对茶道略知一二。

"哇，印度大吉岭！那也是我最喜欢的红茶！"

这一刻，原本靠着椅背的黄总，忽然挺直腰杆，倾身向前。他丝毫不掩藏自己的惊讶，反问我说："没想到，你看起来年纪轻轻，对茶还有研究呢？"看他肢体语言和面部表情都缓和了起来。

接着我们从乾隆最爱的西湖龙井、白莲升腾的黄山毛峰，聊到了陆羽《茶经》里的"千里取水，非愚山泉而不饮"。我还找准时机，将话题带到了他的母校清华，还听他说起自己在那里念了

EMBA。

"黄总，那我们真的太有缘分了！我是 2012 年念的 EMBA，算是您的小学妹了。"我由衷地感叹，更惊讶地发现，我和黄总竟有共同认识的学校导师。聊天过程十分愉快，其间助理拿着文件进门，请黄总过目签署，他回复助理说道："你先出去等一会儿，我和 Zoe 还没聊完。"

不知不觉，我们聊到了夕阳落山。因为是晚饭时间，助理又敲门进来，小心翼翼地提醒道："黄总，您 7 点有个饭局。"黄总明显一愣，有些惊讶地说道："对哦，你不说我都忘了！"正当我自觉地拎起公事包，准备退场时，黄总又说："Zoe，你安排下时间，再来一趟。咱们还没聊完呢！下一次过来，我们把银行的事也一起谈谈。"

"好的，黄总，不好意思啊，占用了你那么长时间！"因黄总显然以长辈兼朋友的姿态与我交流，我也斗胆嬉皮笑脸了起来，但语气仍保留几分歉意与尊敬。黄总果然不介意，还笑着与我说再见，并叮嘱道："记得要来啊！"

坦白来说，就算不是为了工作，我也愿意与黄总交流。在社会摸爬滚打这些年来，让我意识到人往往都更愿意与自己相同或相似的人打交道，所谓"道不同不相为谋，志不同不相为友"。无论是交朋友或谈工作，只要找到共鸣，就很容易建立交情；有了交情，一切就会变得好商量。

此外，我也发现，平时多接触各种不同的领域及兴趣爱好，是很有必要的。这能扩充自己的知识储备，也能不自觉地增加你和他人之间所谓的"共同话题"。

机会无处不在

朋友推荐给我一家理发店，说是老板的手艺特别好，经常被邀请去参加各种比赛，也给当地明星做造型。我预约了周六前去，早上 10 点半抵达时，惊讶地发现店里已经坐满了人。我不由得犯起了职业病，想都不想，就脱口而出道："老板，你们生意可真是好啊！有没有打算开个分店？"

正当我为自己表现出的"八卦"行为暗自咋舌时，老板竟诚恳地回答道："其实一直都有扩展计划，也有好几个顾客有意愿投资新店。但你知道的，顾客的钱还是尽量不碰吧！"我一听竟然好像有戏，表示认同地说道："确实，其实现在银行利率也低，倒是可以考虑用银行的钱去开新店，我在银行就是负责企业信贷的，如果你有这方面的考虑，我可以来协助你呀！"

老板听罢，眼前一亮，感叹道："哎呀，我今天算是碰对人了！其实最近也一直在想这件事，但没来得及去银行咨询。没想到现成的顾问就在这里了！"老板的爽快大度，是我始料未及的。他为我剪完头发后，问我需要些什么资料，就当真拿出了公司的财务报表复印件，让我带回去研究看看可实行的贷款方案。

我用了不到两天时间研究财报，和理发店老板确定了一遍贷款方案后，我们就成功地签了合同。那是我第一笔在日常生活里"捡到"的业绩，甚至没有刻意营销，只是下意识地想去多了解不同行业和公司。

曾有从事保险业务的朋友找上我，说她工作了三年，业绩一直不见起色，问我她应该怎么做。我当时想到了，我俩认识的前两年，我都不知道她是从事保险业务的。那时候，我还曾让身旁朋友为我推荐保险经纪，想要找一个靠谱的人选为我安排新保单。两年后才知道，原来她就是现成的保险顾问啊！

她是个不爱提工作的人，原以为是下班了不愿多提，但这会儿交流后才发现，她打从心里就不认同这份职业。

"亲爱的，其实你需要的不是别人的建议，而是自己的信念。首先，你得从内心深处认同你工作的价值和意义，那样你才会愿意去把它分享给更多的人，要相信信念的力量。"

我想，这就是信念感的重要性。有人说，把工作带到生活里的方方面面，会让人压力倍增，但我却不这么认为。拿贷款业务来说，我一直坚信，贷款对有需要的人来说是个"及时雨"，在分享它相关知识的过程当中，要抱着完全的诚意与中肯。若遇上真的有需要的人，这个分享的过程就能帮助到他们，倘若他们没有这个需求，提一句也无伤大雅。其中需要特别注意的是，要以分享的姿态，不要给他人造成任何心理负担。

将心态摆正，一切便会水到渠成。就这样，我养成了在日常生活中寻找商机的习惯。比如去餐厅吃饭，我会留意前台是否摆放着名片，有的话临走前就拿一张；走在路上看见有大货车，不管它是不是正在行驶当中，我都会立刻掏出手机拍下上面写着的公司名字和联系电话；我还曾在超市里待过好几天，只为把热销商品出产厂家的公司名字一一找出。

日常抵达公司后，我会把这些搜集来的信息进行行业归类，然后展开公司信息整理和基本的背景调查。接下来，我便就着精选后的名单一一打电话，寻找可能有贷款需求的公司，主动出击。于是短短两年，我在业绩稳坐部门前三的表现下，开始带起自己的团队。

还记得有组员向我抱怨，说每天拿着那本厚厚的《新加坡企业电话簿》打电话，过程太枯燥，收效也不好的时候，我就分享了自己的这个"巧用日常"小妙招，希望对他和对你都能多少有点帮助。

06/ 你快乐吗？

快乐是什么？或许失去过，才会懂得它的真谛。

凌晨 3 点，我辗转难眠，满脑子都在思考上班时和同事 Fenella 的对话。

她问我："你怎么了？感觉你最近怪怪的，好像没那么开心？"我下意识地反问道："会吗？为什么这么说？"Fenella 指出，我之前工作一直都很有活力，充满干劲，无论多忙多累，我都能笑着与所有人打招呼，很乐于与同事吃饭嬉笑，但最近显然心事重重，午休也总是自己一个人待在办公室。

Fenella 说："大家都觉得你可能是心情不好，不太敢和你说话，也没人敢问你怎么了。"Fenella 是跟随我最久的员工之一，和我一起辗转了两家银行，比起上下级关系，我们更像无话不谈的朋友。她的直言不讳，让我一下惊醒，开始反思自己到底怎么了。

尽管脑子已经开了倍速疯狂运转，但我真的想不通自己在闷闷不乐些什么。又或者，我是知道的，但内心不太愿意承认。

回想入职以来的种种，还真是让人感慨。从 21 岁进入银行，连续两年蝉联销售榜前三，到 23 岁开始做主管带团队。那时候得知能自己带团队，我亢奋了好几天，感觉自己还是个刚出茅庐的小丫头，但却已手握人事大权，成为替银行面试各大名校毕业生的面试官。那时候，我一度觉得自己具备了主宰他人命运的权力。两年后，我将团队培养成了部门销冠，继而被挖到第二家银行。短短八个月，我又被破格提拔为总监，还不到 27 岁的自己，就负责管理了四个团队。总体来说，我在工作上算是顺心顺意，平步青云。此外，物质上也算是达到一定的满足，二十出头的年纪已实现年入百万。因为时间上的相对自由，旅行对我来说也算是轻而易举的事。有时周末为了陪朋友吃顿饭，我还会从新加坡打个"飞的"前往香港。

如此逍遥快活、充实有干劲的我，怎么就突然振作不起来了呢？

我也不知道是从什么时候开始，就突然失眠了。我用堆积如山的工作，说服自己早点进入梦乡，但哪怕将绵羊从一数到了一千，我还是无法入睡。之后打开了冥想音乐，酝酿许久还是无济于事，我尝试清空思维，也不知是虚无令人昏昏欲睡，还是一番操作把自己累坏，我这才总算能够入睡。但还没睡满一个小时，又突然惊醒。无奈之下，我只好重复操作，从数绵羊、听音乐，到清空杂念，反反复复折腾一晚上。这样的情况维持了两周多。

我感觉自己好像生病了，却又说不上来是什么病。直到有一天，朋友打电话给我说："Zoe，下周要不要去日本看樱花？"我嘴上答应了，内心却没有一丁点波澜。那一刻，我猛然发现，自己已经没办法从物质或旅行上获得任何满足和快乐了。

我开始在书上和网络上寻求答案，搜索的字眼是"人为什么会不快乐？"

其中最普遍的观点，认为不快乐源于人们对现阶段生活状态的不满。可我觉得自己的生活状态挺好啊！每天准时上下班，钱赚得够花，时间也自由，还有什么好挑剔的呢？我在内心深处反复嘀咕着，骤然灵光一闪，才意识到正是因为日子过得太舒坦了，每天重复着同样的事情，没有改变和挑战，所以我才会不快乐！

必须承认，近几个月来的自己，每天早上都勉为其难地拖着疲惫的身躯去公司。抵达办公室后，开始熬着时间，等待下班。那些一直被我唾弃的消极状态，一一在自己身上出现，让我感觉到害怕——我到底怎么了？

我开始复盘自加入公司以来，自己所做过的事，从参与开发新贷款产品、评估产品风险，到制定销售计划和员工奖励机制，再到人才的选拔任命以及新人的培训等。由于团队飞速发展，我曾经有半年多的时间，平均每个月面试超过百人，只为选出行业最优秀的人才加入团队。为此，我还常常和朋友炫耀自己不到三十岁，已是"阅人无数"。

那两年的工作特别充实，让我一度觉得自己不像是在银行工作，更像是在创业。然而等投入市场的产品逐渐稳定，团队也培养出了能带领各自小团队的主管，我仿佛一夜之间，失去了方向。我每天的工作，只剩盯着电脑前的业绩报告。在与比自己年龄大的男性主管沟通时，我也不知道该怎样与他们更好地交流，不知道如何指导他们去管理手下的员工。直接管理员工是我的强项，但当总监指导主管们去管理员工，并不是我擅长的事。明明现状的一切都挺好，我却非常没有安全感。我感觉自己随时可能会被取代，内心格外焦虑。我思考了许久，最终决定用学习去填满自己内心的"焦虑"，于是我报读了清华大学的在职高级工商管理硕士研究生（EMBA）课程，这也算是圆了自己的一个"中国大学梦"。

此后，我每个月周五下班就会直奔机场，搭乘红眼航班回国，周日下课后再飞回新加坡。在 EMBA 班里，我结识了很多有趣又优秀的灵魂。他们有的是大企业的高管，有的是成功的企业家，慢慢地和他们频繁接触，我逐渐对自己未来的事业发展，有了更明确的想法。

我想继续从事金融行业，希望从事一份不仅可以跟中国保持亲密联系，还能发挥我海外经验的工作。二者结合，想必能让自己发挥更大的价值，且能寻找到那份我已逐渐失去的事业成就感。如果这份新事业，还能参与建设中国的新一段繁荣时代，那就更好了！

你最热爱的是什么？这个问题，我问了自己无数次。很多人说，能赚钱的我都爱，能证明自己优秀的通通热爱。然而我一直认为，人生分为两个阶段。第一个阶段是自己"没得选择"，哪怕不喜欢不热爱也必须去做、去学习和积累的阶段。当努力积累到一定程度时，当你具备了一定的能力和资源时，就可以踏入"可以选择"的第二个阶段。这是个从量变到质变的过程，让你可以自由选择做自己热爱的事。因为热爱，所以付出不会觉得艰辛，成功也就随之而来了。因此我一直坚定地认为，当你具备了一定的能力之后，一定要去选择自己热爱的事业。于是我告诉自己，若当下的工作无法再激起斗志，那么是时候放下了。

在经过近三个月的深思熟虑后，我决定了自己未来的职业生涯——当一名出色的私人银行家。递上辞职信那天，公司总裁以为我是对薪资不满，极力地劝留，且承诺能够帮我争取到更好的福利。同事们也纷纷劝我留下，都感叹说我若将一手栽培的团队交给他人，真的太可惜了。Fenella更劝道："去了别家银行，你又要重新开始带新的团队，哪有跟熟悉的人手一起工作顺心呢？"

我笑着说："我决定改行了，不会待在商业银行。"众人一听，更觉得诧异不已，纷纷觉得我选择放弃八年的耕耘，从头开始，实在太傻了。

能不傻吗？在这做管理层的六年里，我已经很久没有真正地接触过客户了。尽管手上是有一些资源，但却无法直接让我在私人银行里立足。这是名副其实的"一切清零，重新出发"。

俗话说，要成大事就不要给自己找后路，只管勇敢出发。我秉持着这样的信念离开了熟悉的领域，但也不是毫无计划就孤注一掷。我给自己设下了一个两年时限，若其间没有做出成绩，大不了再回到商业银行做主管。

我相信以自己目前的表现与经验，想在商业银行找回主场并不难。但如果现在不转行，那么这辈子自己应该就是和商业银行管理层这个位置死磕到底了。然而这个职位不再让我感受到开心，不再让我拥有满满的成就感，也不是我最终所想要的。至少，现在不是。

事实证明，勇敢踏出舒适圈，打破现有"成就"框架的选择，是对的。我在新的工作环境里，重新体验了一把当新人的感觉，重新建立起了自己的社交圈和职场地位。

我开始接触新的人群，在他们身上汲取到了很多关于不同行业的知识。听着这些客户讲述那些一步步从一家小企业做到跨国上市集团的创业故事，让我热血沸腾，也无限感慨。在逐渐得到他们的认可与信赖后，我发现自己的成就感又回来了。

与其说每天跟他们打交道是在应酬和工作，不如说是在聆听分享、反复学习、促进成长。我似乎明白了，自己过去那么多天失眠的原因，是害怕原地踏步，无法前进。对我而言，人生最值得期待的，是变化，是成长，是成为更好的自己。

愿你我都能永远保持赤子之心，对世界充满好奇和热忱。愿你我都能成为更好的自己，实现人生的价值与理想。

第二章 探索

从行走世界
到认识自我

07/ 米兰开往瑞士的火车

如何在旅途中寻找前行的意义？短短一趟火车路程，让我见识到了比风景更令人倾心的美好灵魂。哪怕相遇再短暂，都能为人生留下一些馈赠，帮我开拓视野，丰富内在。

跳钢管舞的律师

我曾有很长一段时间，对欧洲文艺复兴时期的艺术特别着迷。尤其是那个时期的油画和雕塑，写实传神的风格，打破了早期的精神桎梏，更加注重人文主题，细腻入微的笔触，栩栩如生的画风，特别引人入胜。达·芬奇、拉斐尔、米开朗基罗、马萨乔等耳熟能详的名字，甚至常常出现在我的梦里。

于是我在 27 岁生日的前一天，决定来一趟说走就走的旅行，独自前往了文艺复兴的发源地——意大利。

走过了被低山环抱、流淌着阿诺河的佛罗伦萨，欣赏了哈德良皇帝统治下的古罗马的遗迹，我终于坐上了心心念念的伯尔尼纳快车（Bernina Express）。这条快车线路建成于 1910 年，不仅被评为世界文化遗产，还有"欧洲最美铁路之一"的称号。它途经 55 个隧道和 196 座桥梁，可以带你穿越阿尔卑斯山，攀越桥梁、山峰、山口和深峡谷，将意大利的蒂拉诺市与瑞士连接起来。

我拖着一个大尺寸行李箱，背着双肩包，在火车上寻找自己的座位。车厢里几乎都是白人，直到我找到座位准备坐下时，才发现我的座位旁，正巧坐着除我以外，唯一一个亚裔女子。她戴着一副大大的茶色圆框眼镜，涂着鲜艳的水红色唇彩，衬得肤白脸小。浅灰色的针织帽下，是奶奶灰发色的齐肩发，只一眼就让我觉得她是个温和却有个性的人！

长达四小时的火车路程，我有一大半的时间都在跟邻座的亚裔女生 M 聊天。我们谈得投机，不知不觉，从意大利的历史聊到了彼此的出身、成长及婚恋观。

我这才知道，她原来是个混血儿！她的父亲来自西班牙，母亲来自菲律宾，她本人从小在菲律宾生活，高中毕业后拿着奖学金去了美国读法律专业。尽管成绩优异，适应能力也强，她却和大多数选择留美的学生不一样，毕业后坚持想要回到菲律宾发展，并不愿意长居美国。

她说比起美国的繁华，家园的温暖对她的吸引力更大。持着美国名校法律系文凭回到马尼拉，起点本来就高的她，很快在一家律师事务所找到了工作。仅两年时间，她还成功创业，开起了自己的律师事务所，据说生意风生水起，蒸蒸日上。

若非要说一件美中不足的，就是她依旧单身。当时，27 岁的她事业有成，但在当地人眼里却是个不被看好的"大龄剩女"。无奈之下，她随波逐流地接受了父母安排的相亲，还很快便与对方结婚生子。

她告诉我，她在怀孕期间就把公司全权交给了丈夫打理。但在即将迎来孩子满月的时候，丈夫卷走了她和朋友合资的一家商贸公司里的所有资金，以及她账户里的所有积蓄。更可恶的是，丈夫和他家人在之后的六个月内全部移民，人间蒸发了。

M和我说，那一年她没有一夜合得了眼，每天都在思考怎样才能活下去。她不敢相信，在一起生活两年多的枕边人，竟然会如此对待她。

我还记得她回忆起这段经历时，眼泛泪光地说："你知道什么叫一夜白头吗？我的头发就是在那一晚全白的。"

我没有问她，那个时候是怎么走出来的。我想，我知道答案。

她接着说："不过上天对我也不薄，我有个听话的儿子，今年都12岁了！自己开的律所也发展得不错，所以才可以过自己喜欢的游居生活。因为喜欢油画，所以这半年来我都住在佛罗伦萨学画！我也很喜欢你们中国的陶瓷，计划明年找个时间去景德镇住上一阵。我还想挑战钢管舞，可能先在马尼拉学吧！"

"钢管舞？"我重复了两遍，确定自己没有听错。钢管舞跟她的性格、身份、职业等，也太不搭了吧！我内心嘀咕着，但没表态。尽管有些诧异，但更多的是敬佩。

聊得起劲的我们，后来还互相加了社交媒体账号，约好有机会一定要结伴出游。从那以后，我一直通过社交媒体关注着M的动态。看她日常旅行，出席各大慈善活动、公司年会，生活多姿多彩，十分有趣。直到某一阵子，她很长一段时间没发动态，没想到一发却发了四五个视频。

我点开视频，看到的是一个穿着"凉爽"的辣妹，正在跳钢管舞。那是学有所成的 M，跳起钢管舞的动作利落、流畅、有力，一点都看不出是个新手。视频里那样火辣奔放的她，让人压根不会和律师这个词联系在一起。

看着尽情热舞、散发着璀璨生命力的 M，我想到了我们在火车上的一段对话。我问她为什么会想要学钢管舞，M 笑着回答："为什么不呢？谁说律师不可以性感，不可以跳钢管舞？我就想做自己喜欢的事。"

那一刻，我犹如醍醐灌顶。是啊，为什么不呢？人生可以有无数种活法，当你的视野宽阔了，思想开放了，人也就活开了。人生之所以有局限，不是生来如此，而是我们自己附加的。不用情感、婚姻、身份、职业去约束自己，M 做到了，希望未来的某一天，你我也能做到。

卖油画的大男孩

和 M 聊完天，我正准备闭眼休息一会儿，注意力忽然被一个走进车厢的大男孩吸引。他看似二十出头，高高瘦瘦，金发碧眼，脸上还有天然的小雀斑，是欧洲童话故事里典型的帅小伙形象。他右手拖着一个小型的木制行李箱，左手拿着几卷画，朝我和 M 走来就说："要不要买画？"

我还没反应过来，他已将画递到了我的手中。正当我有些惊恐，不知道会不会被讹上巨款买画时，大男孩开始自我介绍，讲起他的背景，还有他画的画。我听了许久，发现他没有强买强卖的意思，才渐渐放松下来。

他说他叫 Michael，在佛罗伦萨的一家艺术学校修读油画专业。他每天最喜欢做的事，就是穿梭在佛罗伦萨的街头与艺廊，看雕塑、看油画。他从 8 岁开始习画，从简笔画到水彩画，再到如今画油画，无一不感兴趣。

看到他两眼放着光诉说着自己的故事，我备受感染，积极地追问："你家在意大利哪个城市？离佛罗伦萨远吗？"他回答："我家就在佛罗伦萨！我是在那里出生的，很幸运对吧？哈哈哈！"他一点儿都不掩饰那股自豪，接着说："人们一直都说，旅行是从自己生活厌倦了的城市，去到别人生活厌倦了的城市。但我从来没有厌倦过佛罗伦萨。"

"那你现在怎么来了米兰？"我好奇不已。他解释道："今年是我的 gap year（空档年），我想把意大利所有的火车线路都坐一遍，然后边旅行边卖画，赚的钱可以提供我这一路的支出。"

这还是我第一次听说"gap year"这个词，向他请教一番，才知道是欧美大学很常见的做法。它的目的，是让青少年腾出时间，去实践自己感兴趣的工作或生活。Michael 接着说道："学校和父母都挺支持这项做法的，有的人会在大学毕业前提早接触社会，积攒工作经验，但大部分会选择做自己喜欢做的事。比如我有同学去了非洲做慈善，还有同学花一年时间背包游欧洲⋯⋯而我就决定边旅游边卖画啦！”

他说着兴奋起来，从行李箱掏出了一卷卷画纸，给我一一介绍着说："这是环绕西西里岛埃特纳火山的铁路线，一路驶过熔岩田和肥沃的土地，能欣赏到内布罗迪山（Nebrodi）的壮丽景色！这个是跨西伯利亚火车，在阿布鲁佐和莫利塞的心脏地带，穿越国家公园和自然保护区，还会经过斯蒂夫洞穴（Stiffe Caves）和圣维南乔峡谷（San Venanzio Gorges）！"

我眼睛一眨不眨地盯着那些五彩斑斓的油画。有的山清水秀、绿意盎然，有的怪石峥嵘、峭壁嶙峋。还来不及细细品味，Michael 突然激动道："还有这些！你看，这就是我们这一趟火车经过的地方！从意大利境内的提拉诺（Tirano），经过达沃斯（Davos）、圣莫里茨（St.Moritz）⋯⋯最后，到达瑞士境内的库尔（Chur）。"

"这趟火车你坐过很多次了吗？怎么感觉春夏秋冬的景色都有啊！"我惊喜地说。Michael 却好似不明白我为什么惊叹，摇摇头回答："不啊！我也是第一次坐，这些是刚刚一路画下来的。一开始有山有湖，后来经过一个深谷，放眼望去有零零落落的村庄⋯⋯这些雪景，是经过阿尔卑斯山脉时画的，白雪皑皑可美了！你没看到吗？"

我看着一张张的画，有绿油油的草原、缤纷的花海、枯黄的枝叶、雪白的山峰，难怪看起来像是度过了四季。这时，我才想起来，自己不就是冲着这些"最美的风景"而来的吗？结果我只顾着聊天和看车厢里形形色色的人，倒忘了窗外的美景！

有句颇有哲理的话说，人生有三重境界：一，看山是山，看水是水；二，看山不是山，看水不是水；三，看山还是山，看水还是水。多年之后，或许比起与人交流我会更加倾心于大自然，比起路上遇到的有趣灵魂我会更加喜欢那一路风景吧！

然而，未来又有谁知道呢？

你是我的腿

火车抵达 Michael 所说的瑞士库尔终点站时，已是当地时间下午 3 点多。我拖着行李箱走在火车站外，迫切地走向不远处一家咖啡馆，打算买杯饮料提提神。等我心满意足地捧着温热的咖啡，在户外座位歇脚时，才发现隔壁桌的一家三口，是与我搭乘了同一班火车的乘客。

我能认得那一对老夫妻及他们的儿子，是因为在火车上寻找座位时，老奶奶正被家人逗笑。她的笑声很有感染力，导致我在经过时忍不住多看了两眼，还和老奶奶对视上了。此刻，她大概也认出了我，便招呼着我同坐一桌，一起聊聊。

我原以为老奶奶只是体型娇小，才会被桌子挡住了大半的身躯，但走近后发现，她坐着的竟是轮椅。一番谈话下，我得知他们一家三口生活在美国圣地亚哥（San Diego），老奶奶当了一辈子的教师，退休后的第二年忽然总是膝盖疼，去医院检查才得知是骨癌。

提到此处，老爷爷惋惜地说："她以前总是充满能量，每天健步如飞。现在不行了，走几步就累，所以这几年我们都用轮椅推着她到处看看。"我想象了一下那画面，脱口而出地问："这样是不是很不方便？"

话音才落，我心里咯噔一下，觉得自己可能问得不太恰当。庆幸的是，老爷爷朗笑一声，解释说："其实还好的！我们每次都会提前做规划，经验多了，就越来越顺利。现在还有儿子的加入，就更加省心，毕竟我们年纪也大了……你猜猜她多少岁？"

突如其来的提问，把我难住了。我顺着老爷爷宠溺的目光，看向正津津有味吃着蛋糕的老奶奶，试探地说道："六十多岁？"

"啊哈哈哈！她已经 75 岁了，而我 68 岁，我还比她年轻几岁哩！"老爷爷放声大笑着公布答案。看他满脸自豪，我也忍不住打趣说："哇，你们还是姐弟恋！我怎么觉得更浪漫了呢？"

听我这么说，老爷爷与老奶奶相视一笑，还牵住了彼此的手。那种默契、温馨与坚定，让我一个外人看着，都觉得心里甜蜜极了。

老爷爷接着说道："这是我们出来旅行的第三年，已经去了 35 个国家。她喜欢拍照，喜欢到处看风景，我就用轮椅推着她满世界地跑。我，就是她的腿啊！"他还分享了自己的家境，聊到属于中产阶级的他如今还未退休，所以必须每天早上 5 点起床办公。

他和儿子一边旅行一边工作，既能支撑着旅途的开支，又能陪伴彼此，充实地度过每一天的时光，丝毫不觉得疲惫。一直以来，我都觉得必须趁年轻时到处走走，要用双脚感受这片大地。我不想等自己老了，走不动了，才遗憾未能看到更多的景色。然而老爷爷一家的开朗，却让我改变想法了。我想，等我年老力衰时，应该还是会向往着继续前行。到那时，如果能有一个志同道合的人相伴，该会是多么的美好！

08/ 下着暴雪的伊斯法罕

我大概怎么也想不到，自己竟会在这个陌生又充满神秘感的国度里，见证了最真挚美好的灵魂。

世界上很少有国家如它这般，经历了这么多次领土、政治和宗教的动荡。它北靠里海，南濒波斯湾，东邻巴基斯坦和阿富汗，北接中亚第二大国家土库曼斯坦，西有土耳其和伊拉克的库尔德斯坦，是连接着东西方文明的重要纽带。得天独厚的地理环境，加上丰富的天然资源，使它一次次成为侵略者的目标，不断在屠杀和政权颠覆中灭亡又重生。

这个偶尔消沉，却总能幸存、因纷乱成名的国家，就是伊朗。它就像一朵黑玫瑰，自带神秘面纱，但越危险、越有距离感，就越让人忍不住想探究、想靠近。于是在 2014 年 2 月，我结束了在土耳其伊斯坦布尔的旅行后，就果断决定飞往伊朗文化古都——伊斯法罕。

伊朗时间凌晨 4 点，飞机降落在了当地国际机场。除了出关通道，四周一片漆黑，外面还下着鹅毛大雪，为黑幕罩上一层灰蒙蒙的"滤镜",让人看着不寒而栗。我将视线从无边无际的黑夜中收回,转身发现不少女性在出关前的接待厅里,开始围上清一色的黑头巾。她们有的还套上了长及膝盖的黑罩衫及黑面巾,着装打扮就与我经常在新闻及报章里看到的伊朗当地女性一样。这时,我才有了一丝置身于伊朗的真实感。

但此时更令我关心的,是不知道该走哪条入境通道。面前的几个通道,指示牌上写的都是歪歪扭扭的"蝌蚪文字",凌晨的机场冷冷清清,旅客稀稀落落,想要找个明显也是外国人的旅者借鉴路线,几乎是不可能的。正当我还在犹豫时,有人从身后拍了拍我的肩,回头发现是个造型一身黑的女子,只露出一双眼睛,让毫无预警的我小小地吃了一惊。

但仔细看,会发现她眼窝深邃,特别迷人。不等我反应过来,她眼带笑意地说:"You should go to the last lane."(你应该走最后那条通道。)她说完就走,我匆忙道谢,果然顺利出关,全程不到 15 分钟,当真是意外地轻松。

我不禁在心中感叹,伊朗人,很友善啊!

接着寻寻觅觅走到机场的巴士总站,准备前往位于市中心的酒店时,我被告知车费只能以当地货币支付,票价 100000 里亚尔(折合人民币约 20 元)。

完蛋了!虽然做足了功课,知道这里与国际金融系统不联通,一系列信用卡在当地都无法提现,但我只来得及准备随身携带的美金,还没换成里亚尔呢!我原想机场肯定有钱币兑换店,哪知它这会儿还未营业,门上的告示标示着的营业时间为"早上 8 点至下午

6点"。

　　与巴士站人员用英语商讨了一会儿，对方表示无法破坏制度，我也是可以理解的。我并不生气，只是有点焦急和无奈，准备认命地在此耗上至少三个半小时，等待钱币兑换店开门。

　　这时，有道黑影停在我面前。我猛地一抬头，看见的是一名拖着行李箱、一身当地人打扮造型的女子与我打招呼，于是立即起身回应。她挺高的，全身全脸都遮得严严实实，但也能看得出鼻梁高高的，五官很立体，但给人的感觉十分亲切、柔和。

　　她用英语说道："我可以和你换哦！当地的钱。"早已因认命而意兴阑珊的我，立即来了精神，马上用手机查了一下实时汇率，边递给她看边解释说："现在 1 美元是 34100 里亚尔，我可以和你换100 美元吗？"她爽快答应，从背包里拿出了当地钞票开始清算，而后把点好的交到我手里。我接过"救命钱"，忙不迭地道谢，虽然急着想赶紧买车票，却还是有些不安，认为自己应该清算一遍，别换少了才好。没想到，数目不但没少，反而多了 90000 里亚尔！

　　按照汇率，100 美元应该是 3410000 里亚尔，她却给了我3500000 里亚尔。我连忙交还余额，她却笑着摆摆手说："没事，你拿着吧！路上小心，我先走了。"望着她离开的身影，我对自己方才在内心中产生的质疑深感惭愧。

　　终于登上前往市区的巴士时，我万分庆幸自己不用待在清冷的等候厅，不用遭受从门缝里时不时钻进来的寒风的袭击。而我的目的地，是一个叫作 Abbasi Hotel（阿巴斯酒店）的"百年商队客栈"。

据了解，它是当地波斯萨非王朝时期（1501－1736年）第九任皇帝苏丹·侯赛因送给母亲的礼物，最初是一个商队旅馆，还兼有驿站、仓储和交易的作用。1958年，这地方被改建为一家酒店，并用了如今这个名字。

时间推进半个世纪，该酒店已成为伊斯法罕唯一的五星级奢华酒店，无论是在安全性或舒适性上，都是我的首选。在2014年时，全网还没有伊朗酒店的官方预约渠道，因担心到了当地无法临时办理入住，我还是特地提前通过旅行社订好了客房，满心欢喜地期待着抵达接下来几天的"家"。

虽然一早就知道它来历不小，外观看着也颇为雄伟，但进门的那一刻，我还是被那富丽堂皇的大堂深深震撼了。挑高的穹顶有水晶吊灯，全木质的雕花栏杆、柱子及旋转楼梯与淡金色的大理石墙及地板相映衬，气派得一点都不逊于欧洲宫廷风建筑！

让我印象深刻的，还有前台人员及接待员的英语流利程度。与他们交流轻松便捷，一点沟通障碍都没有。接着整顿完毕，补了个觉，已是下午一点半。充满电的我兴奋计划着游玩行程，发现酒店离各个景点都不太远，基本步行就能抵达。如15分钟便可以步行走到伊玛目广场、聚礼清真寺和大巴扎，10分钟步行可走到四十柱宫，再走个15分钟便是三十三孔桥，而八重天宫也在那附近。

我很快决定路线，收拾好外出背包，就离开了客房。从客房到酒店大堂一路上，我发现大家都在看我，还指指点点地说了一些当地话。我一脸困惑，直到走在大堂门口被酒店人员拦下，才知道外国女性在当地如果没有戴上头巾，也是不可以出门的。

我尴尬地道歉，正因没携带任何可充当头巾的东西为难时，酒店人员立即递上了一块黑色头巾，说是能在居住期间借我暂用。我又惊又喜，因为也别无他法，便只能欣然接受。尽管如此，我外出做的第一件事，便是给自己买了一块全新的黑头巾，准备在接下来的行程中有备无患。

收好全新的头巾时，我只能在心中默默感叹，还好外国女性只需要围上头巾，不需要连罩衫和面巾也穿戴上。接下来的三天，我在伊斯法罕四处游玩都通畅无阻，还连续吃了好几顿当地的特色烤肉串"Kebab"。烤牛肉、烤鸡肉、烤羊肉和烤鱼肉，焦香四溢，新鲜热腾，总能让在冬天旅行的我也吃出一身满足的汗意。

但是大吃大喝后，我便乐极生悲了。嗓子发疼，鼻血不止，还有点低烧……我一度只能浑身瘫软地躺在床上，连动都不想动。后来，还是强行下楼向酒店前台要来了最近的医院地址。因为看不懂那一串串"蝌蚪文字"，我只能边走边问路，心里委屈巴巴地想着，我可不要客死异国他乡。

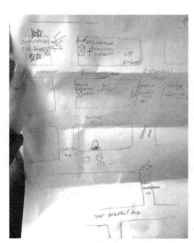

路上遇到的陌生人给我画的药房地图

无奈的是，虽然酒店人员英语水平不错，但当时的伊朗社会，英语普及度并不算高。我一路走一路问，行人都听不懂英语，求助无果。酒店人员说的10分钟路程，让我硬是走了半个多小时还没走到。那一刻，寒风刺骨，四肢酸软，头脑发晕，我无助得快绝望了。

我感觉自己摇摇欲坠，脆弱无比，好不容易抵达目的地，却发现那不是个医院，而是一家一眼就能看到底、出入口窄得只能容纳一人通行的小药铺！我再怎么头昏眼花，也还是能从写满当地文字的招牌上，认出一个英文单词——"Pharmacy"（药房）。

知道自己没找错，我毅然决然地冲进店里，用英语询问老板是否有感冒药。老板是个中年大叔，听我说着英语，一个劲摇头，用一串当地话回复了我。我们鸡同鸭讲了一阵，还是没明白彼此，正当我欲哭无泪时，他指了指角落里的座机，做了个"等一等"的手势。

我猜到他的意思，便站定不动，一脸无助地看着他打电话，叽里咕噜一阵，再把电话递给我。我打了个招呼，就听到另一头的人用英语问我，是不是生病了。听到熟悉的语言，我都快感动得哭了，又急又喜地将自己的情况告知对方。

电话那头的声音，听起来很年轻，像是个少女。等我说完，她有些迟疑地回复说："我马上过来找你们！"我一愣，心想这没必要吧？身子难受加上沟通障碍，我已经快没耐心了，只想赶紧买了感冒药就回酒店休息。

晕晕乎乎中，电话回到了老板手上，他们似乎又说了一大串，最后老板对我说了一个单词——"Wait"（等等）。好吧，这个我总算听懂了，只能焦急地继续在药房里等待着。

这家小药房，真是又小又冷，我等了将近半小时，还没见人来，便心想要么还是回酒店叫救护车吧！好巧不巧，就在我刚起身时，恰见一个瘦小的女孩在门外停下了自行车。尽管她有些气喘吁吁，但停车、下车的动作利落，并快步走进店里。

女孩看上去像是个初中生，15 岁左右。她穿着看似校服的黑色上衣及格子裙，只围了头巾，没有面罩，脸上红扑扑的，不知道是因为太着急或冻着了。瞧我明显是店里唯一的外来人，女孩有些害羞地低了低头，朝我走来。

我怎么都不会想到，有一天在海外旅行，会需要一个小孩来充当翻译。但不得不说，有她在场，省心多了。女孩除了帮我转述病情，问到了药，还让药房工作人员先用当地文字写上服用说明，她再写上英文翻译。看她在当地语言和英语之间来回切换，耐心地一遍遍讲解每包药分别是什么、怎么服用等，我才发现这些还真是不能用一通电话给说清的。

她在大冬天冒着寒风赶来，就只是为了我这么一个素不相识

的人。这不禁让我内心一暖，突然感觉眼眶酸酸的，实在是感动极了。不知是药物起了作用，还是被女孩的友善治愈，我很快病好，便继续了在伊斯法罕的旅行。

这天，我来到了伊玛目广场。登上西面的王宫门楼，可以俯瞰大地；前往南面的伊玛目清真寺，可参观这座被列为世界最

伟大的建筑之一的清真寺。一直玩到夕阳时分，于阿巴斯王朝时期建立的三十三孔桥，如传闻中一般被余晖照耀，桥的倒影印在水面上，形成一幅对称而诗意的画面。暖洋洋的橙光，湿漉漉的波光，给我的伊斯法罕之行画下了完美的句点。

次日晚上 10 点半，我独自拖着行李寻觅到了巴士总站，准备乘坐夜巴前往德黑兰。当时，伊朗的铁路并不是那么发达，长途火车又大多在午夜出发，抵达目的地后不便前往市区。乘搭夜巴是我在做足旅游攻略后做出的决定，这会儿看见除我以外还有几个人，更让我觉得心安。

因为怕找错地方，我不到 9 点就抵达了候车室。说是"候车室"，实际上是个根本挡不住寒风的小车站，屋檐、门窗和仅有的几排座椅，都残破而陈旧，有明显被风霜洗礼过的痕迹。我就着微弱的灯光，发现周围都是将自己裹得严严实实、只露出一双眼睛的本地人。

我找了个靠窗的位置，双手抱胸把自己环紧，就准备闭目养神。周围开始有人轻声交谈，叽里咕噜的语言我听不懂，但充满惊喜和感叹的语气，还是让我忍不住睁开眼睛，好奇地朝声源张望。车站特别小，我一睁眼就看到了门口，发现竟是下雪了！

一片片雪花在空中飘扬、下降，然后安安静静地落在地面上，相互堆叠。我欣赏了一会儿下雪的画面，内心跟着平和起来，也不觉得困了。反正也没事可做，我拿出旅行笔记，开始规划接下来在德黑兰的行程。

不知道我"奋笔疾书"了多久，车站突然响起一段广播，打断了我的思路。广播以当地语言报道，我听又听不懂，只好东张西望，试图从周围人的反应上看出个所以然。但他们都忙着与伙伴交谈些什么，独剩我一头雾水，茫然失措。

看有的人摇着头，有的人拎着包就往外走，我心想自己可不能不了解情况，便一连拦了两三个女生，想问清楚发生了什么。无奈的是，她们都听不懂英语，只能一直冲我摇头。

在这个人不多的车站里，我的动静吸引了周围人的注意。一个白发苍苍的老人从座位缓缓起身，走到我面前用英语解释说："今天风雪太大了，去德黑兰的公路上出了交通事故，现在封路了，要等到明天早上6点才能发车。"

封路？！听到这个消息，我整个人都震惊了。我又饿又冷又困，原先住的酒店退房了，眼下这个车站不仅不能住人，更是前不着村后不着店的，我该怎么办？

在语言不通的地方，我一般会提前抄好预订的酒店的地址，直接交给司机看一眼，不需要沟通也能顺利抵达目的地。但这次突发事故，临时要找住所，可真把我给难住了。我的手机是能连网，但网络上根本没有伊朗酒店的资料，我要上哪儿知道最近的酒店在哪里？我又要怎么和司机说明我需要找个酒店留宿呢？

不对，在这个地方，能不能招到出租车都是个问题吧？

我几乎要认命，打算在此等到第二天。我已经坐在离门口最远的座位了，但还是被从门缝里吹进来的冷风冻得瑟瑟发抖，坐到明天，估计会被冻成冰棍。

坐以待毙可不是我的风格，当车站里没剩下几个人的时候，我终于咬牙站了起来，拖着我那超大号的行李箱走了出去。眼前是一片停车空地，被车站的灯光照耀着。刚来时还是铺满尘土的沙地，忽然就白雪皑皑，让我寸步难行。

离车站越远，路就越暗，让我看不清地面，好几次被地上的坑洞和石头绊住了脚。我朝着远处有路灯的方向前行，等走到最近的大马路旁时，在这个零下好几度的冬季，已热出了一头的汗。

这个时间，马路上的车子特别少。我注意到隔着两三个路灯下，是刚刚告知我广播内容的老爷爷，和一个一直跟在他身后、看似助理的中年男子。远处的他们站得笔挺，看上去像是在闲聊着。我既羡慕他们的淡定，又羡慕他们有彼此陪伴，不禁好奇他们是否已经想到了落脚之地？

但这可不是好奇旁人的时候，我立即收回思绪，开始拦车。一开始，我只是看见出租车才伸手拦下，但拦了许久都无果。现在，只要是个交通工具，哪怕是摩托车、自行车，我都想拦下。每被无视一次，我的心就更冷了几分。

在看到一辆红色出租车停在老爷爷他们面前，他们又不疾不徐地上车后，我已经开始想哭了。原以为会呼啸而过的红色出租车，却忽然开到我面前，停了下来。后排的车窗被摇了下来，是老爷爷探出脑袋，问了一句："你需要搭我们的车一起去酒店吗？"我先是惊喜若狂，再理性地意识到潜在的安全隐患。

我咬咬牙，摇头拒绝了。老爷爷似是看出了我的顾虑，回头从中年男子手上接过一张名片，对我说："这是我们要去的酒店，就在前面大概 10 分钟车程的距离。"名片上意外地标有英文地图,看到上面确实写着离车站只有三条街的距离,我才孤注一掷地道:"好,那就打扰了!谢谢!"

一路上,老爷爷和中年男子都在闭目养神。我不好意思打搅,只敢偷偷瞄几眼,才发现老爷爷羽绒外套里穿着西装,结合他标准的英语与绅士风度,我的不安好像消散了不少。没多久,出租车抵达了目的地。

眼看着不远处的酒店大门上,有一个写着"Hotel"(酒店)的英语招牌,我更是彻底放心了,下车自己动手搬行李时,还暗暗地吁了一口气。后来,见老爷爷正给出租车司机付款,我连忙边伸手掏着口袋,边说道:"车费多少?我来付!"

刚走到两人面前,出租车司机已领完钱,回到了驾驶座上。看着他把车开走,我立即向老爷爷表示感激,想着自己至少得付一半车钱,便还是掏出了钱包。哪知道,老爷爷拍了拍我的肩膀说:"不用了,当作我请你一趟吧!"

我又惊又喜,连连道谢,准备拖着行李跟上老爷爷和他的助理时,他又捷足先登地一把拎起我的行李。他说,这里走到酒店还有一段路,下雪不太好拖行李,他便好人做到底吧!谁能想到,我在陌生的伊斯法罕,能被一个中年男子和一个老爷爷一前一后地"保驾护航",穿行在去往酒店的雪路上。当时,我们排成一条直线前行,他们还让我走在了中间。前面的中年男子拎着他们俩人的行李,后面的老爷爷则拎着我的行李,让我感觉自己像被两个高大的保镖保护着,心里瞬间安全感爆棚!

回想起这画面，让人有些想笑，又有些觉得不可思议。

在这个偏远郊区，我对酒店的服务效率，一点都不抱有期待。果然，前台人员的拖拖拉拉、漫不经心，着实让疲倦的我感到极度不耐烦。我感觉自己的理智在一点一点地被困意侵蚀，耐心也快要磨光了。

后来，酒店终于清理出了一个房间，老爷爷便让我先办理入住。我顾不了三七二十一，拿到了钥匙就飞奔回房，还给房门上了双重保险锁。我连衣服都懒得换，就躺在了床上。那一刻，我才感觉自己活过来了。

那一晚真是让我身心俱疲，我都忘了自己是怎么睡着的，也不知道究竟是真的熟睡过，还是只眯了 5 分钟，手机定的闹铃就响了起来。我知道现在是凌晨 5 点，闹铃是预防我错过班车而定的。但我实在是太困太累，下意识伸手摸到手机，就按掉了闹铃，准备接着补眠。不一会儿，一阵比闹铃还响的铃声把我吓醒了。我愣了好一会儿，才发现是房里的座机电话在响。我迟疑地接起，才"Hello"了一声，就听到那熟悉的浑厚笑声传来。我立即反应过来，这是老爷爷给我打的 Morning call（叫醒电话）！

我还没来得及打招呼，便听到他说："醒了就好，我们已经叫到了车，你准备好了就一起去车站吧！"

热爱旅行多年，走过那么多国家，那么多城市，如果你要问我最怀念哪里，我想我会毫不犹豫地告诉你，是那个下着暴雪的伊斯法罕。因为，我在那里遇到了许许多多真挚美好的灵魂。

暴雪天从伊斯法罕前往德黑兰的路上

09/ 定格 45 秒

若问我到目前为止做过最大胆的事情有哪些，那跳伞必定在其中。那 45 秒的自由落体经验，让我感觉有如重获新生，至今难忘。

如果你既喜欢城市，又想拥抱大自然，勇于挑战各类极限运动，还渴望享受徒步的悠闲，那就不能错过誉有"阳光之州"的昆士兰（Queensland）。这里有独特的建筑和崭新的大厦，每一座城市还几乎都连接着纯净壮阔的沙滩与大海，能让你触手可及多种稀有的热带海洋生物。在昆士兰，往沙滩和大海的方向前行，可以浮潜和冲浪；往雨林和大山里走，则能观鸟徒步。来一趟这个丰富多彩的城市，可享受多种不一样的体验。

这么有趣的城市，我怎么能错过呢？有一次休假，我和三个同龄好姐妹佩佩、丹丹和小朱，果断决定前往澳大利亚的昆士兰。我们在主题公园之城里，坐了最刺激的过山车 Jet Rescue，去了冲浪者天堂（Surfing Paradise）海滩看日落，还在高达 80 层楼的星空塔观景台俯瞰黄金海岸全景。

眺望着一望无际、波光粼粼的黄金海岸，性格最是跳脱的佩佩突然激动地提议道："话说，黄金海岸不是全球十大跳伞圣地之一吗？不如我们明天去跳伞吧！"

跳伞？光是想象自己要从几千米的高空往下跳，我这个恐高症患者就双腿发软！

"No、no、no，我不去！"我猛地摇头。爱凑热闹的丹丹已经在连声附和，小朱则认为去不去都行，她选择跟随大部队的决定。看佩佩和丹丹试图来劝，我还捂住耳朵，决定来个"耳不听为净"，看她们能奈我何！

果然，她们不再逗我，但"跳伞"二字却深深地烙在了我的脑海中。我反复琢磨着，一下觉得好像还挺刺激好玩，一下又觉得这太危险了。就算我不恐高，顺利跳出直升机，但万一伞没开，我是不是就挂了呢？！

所以说，我坚决不去，坚决不让自己置身于有可能挂掉的危险中！

下定决心后，我又能开开心心地玩耍了。等在夜里回到酒店，我都已经忘了跳伞一事，佩佩却突然黠慧一笑，边将手机递给我看，边说道："我要预订了哦！我们三个都去，你真的不去？"

低头一看，手机上显示的网页，赫然标着"澳洲第一跳伞公司"几个大字。我吓得差点将手机扔出去，但还是克制住了冲动。看出我的排斥，佩佩一屁股坐在我床上，揽着我的肩说："来都来了！你现在不跳，以后就更不敢跳，说不定也没有机会跳了！"我有点被她说动了，心里想着，极限运动的确该趁早体验。更何况，

86

我的恐高症虽然不是什么大毛病，但如果能够克服，未尝不是件好事？

一旁的佩佩还絮絮叨叨着跳伞的好，我默默地在心里给自己打气，不等她说完，便应声道："好，我加入！"

我们当即选了第二日最早的跳伞时段。由于跳伞基地在拜伦湾（Byron Bay），距离黄金海岸市中心需一小时车程，我们凌晨 6 点左右就已起床，怀抱着又亢奋又害怕的心情来到了乘坐指定巴士的地点。一上车，发现里头的人数竟不少，有二十来个。我本以为跳伞项目会是年轻人的主场，没想人群中除了几对小情侣、一班看上去未满 20 岁的少年们，还有鬓角和胡子都掺杂了斑白颜色的中年男子。

他们全都是西方人，衬得我们四个亚洲面孔格外醒目。但大家的目光聚集在我们身上一小会儿，没多久注意力就被司机的招呼声吸引了。

那是个热情的大叔，举着平板电脑说明需要我们一一注册，并分发了一叠厚厚的 A4 文件。我接过一份，低头一看，发现居然是一张"生死状"！内容大意是本人自愿参加此极限运动，如遭遇不幸，愿意承担直接责任。

看完文件，我默默地和坐在身旁的佩佩说："这是他们的免责条款吧？万一出了啥事，都和他们没关系……"我们还在交头接耳地小声讨论，一位瘦高挺拔的阳光型男就走到了车前，自称是跳伞助教，并开始讲解注意事项、正确姿势及安全知识等。他还让我们一定要填写紧急联系人的联系方式，并强调必须是真能联系到的人，搞得我更加紧张了。

接下来的一切程序，如将个人物品放置在存物柜、在教练的帮助下穿好装备、温习出舱和落地的姿势等，我都是在茫然中完成的。好不容易走到跳伞专用的空地，抬头仰望蓝天白云，我深呼吸感受着这份壮阔与自由，焦虑的心情才得到了舒缓。

这时，有人从停留在半空的直升机中一跃而下，不一会儿便撑开了五颜六色的降落伞。我的表情跟着一亮，正向往随风飞翔的快感时，忽然听到一阵打闹的欢笑声。回头看去，是那一班少年在空地上玩闹，有的勾肩搭背，有的追逐嬉戏，似乎这就是一趟再日常不过的郊游。

再对比自己的状态，我在内心不禁感叹道："真是无知者无畏。"

等待属于我们的直升机准备好时，我拉了拉坐在身边的佩佩，小声问她："你怕吗？"佩佩还来不及回答，早就兴奋不已、一刻也按捺不住的丹丹抢先回答："怕什么！跳伞出事的概率比坐车还低，放心吧！你要是害怕，那我在你前面跳，给你打个样！"

被丹丹这么安慰，我既觉得不无道理，又有些哭笑不得。她向来胆大心大，是个在面对人生挫折和挑战时，都能维持极好心态的"傻大姐"。虽然平时总吐槽她"傻人有傻福"，但心里不免还是有些羡慕她这种大胆无畏的性格。

排队上直升机时，丹丹还在试图逗我笑，我却因为风声呼啸，而什么都没听清。好不容易登上了直升机，我刚坐定就感觉机身一个颠簸，心脏便忽然咯噔一下，仿佛被悬了起来。我习惯性闭眼克服起飞带来的恐惧感，等再度睁眼时，直升机已快速地往上冲，窗外的丛林和房屋越来越小，地面则越来越宽广。眼前的景色从一片翠绿，切换至天蓝。直升机不久就升到了4000多米的高空，并慢慢减速，稳稳当当地悬浮在海面上空。这是我第一次乘坐直升机，等适应了高度后，才开始欣赏起窗外的美景。那简直太美了！虽然直升机比飞机小，看上去更加"不安全"，但也因此离天空白云更亲近。我有点想将手伸出去，感受高空的风，触摸高空的云，甚至开始幻想，如果这会儿能来杯热饮，让我们体验"高空下午茶"，那也不错！

我正美滋滋地在想象幸福"饮茶"，机舱门忽然被打开，机身涌入一股强风。我猝不及防打了个寒战，意识立即回到了现实。好吧，下午茶还是在陆地上享用更加实际且愉快！

机舱门一开，代表直升机终于到了可跳伞的高度。由于机舱内位置狭小，不宜乱动破坏平衡，必须是离舱门最近的体验者开始跳。看着前排的人像下饺子一样接连消失在空中，我开始庆幸自己是倒数第三个，有足够的时间做好心理准备。

轮到丹丹的时候，我原以为信誓旦旦的她也能够毫不犹豫地往下跳，没想到，她站在舱门前呆了几秒，然后用双手抓住舱门上的扶手，疯狂喊道："我不想跳了，我不要！"大家都没反应过来时，她已经开始嚎啕大哭。认识5年，这还是我第一次见她这么激动，这么抗拒去做一件事。

螺旋桨的声音夹杂着哭声在我耳里徘徊，我一脸懵圈，心想这姐妹刚刚不是说不害怕，还迫不及待的吗？怎么就临阵退缩了呢？她身后，跳伞教练一直在喊"Jump"（跳），丹丹却还在疯狂摇头，死死地扒住扶手。这一耗，耽误得后面的人都跳不了。教练被逼得没办法了，只好大声喊道："你再不跳，我可就踹你下去咯！"这时，丹丹估计也意识到了自己失态了。我是无所谓，或者说是还没完全消化眼前发生的事，但我身后那些一同来体验跳伞的陌生人，显然已经有些不满了。

丹丹只好松手，陪跳人员见状，不等她准备好就抱着人跳了出去。我只来得及听见尖叫声的起音，丹丹和陪跳人员的身影就消失了！

终于到了我，陪跳人员给我系上安全带、扣紧安全扣、戴好防风眼镜等，准备就绪后，我满脑子只剩下一句——"It's my turn."（轮到我了）。

隔着呼啸的风声，我猛然听见陪跳人员的一声"Jump"，就毫不犹豫、条件反射般地跳了出去！果断、无惧、大胆，但也有些冲动，我却丝毫没有后悔。

我还记得跳出舱门那一刹那，强大的风力把我的脸都挤压变形了。尽管戴着防风镜，我还是觉得难以睁开双眼。与此同时，身体却是轻盈的、自由的。那一刻，我的感官异常清晰，我原以为自己会紧张得忘了呼吸，但想必人类最神奇的一点，就在于拥有强大的适应能力。

恐高的我鼓起勇气睁开双眼，看到层层云朵就在眼前一闪而过。我的内心被惊叹填满，压根就忘了恐惧！我心想，原来这就是自由落体的感觉，与乘坐过山车完全不一样！尽管只有短短的 45 秒，但我感觉自己的身心更加开阔了，整个世界仿佛更加敞亮了！

当降落伞打开时，第二次失重感发生了。那就像突然被扯回高空，再重新掉下来，一升一降的颠簸，让我再次激动起来。接着，我看到了清澈的蓝天，低头一看，还有翡翠般剔透的海水，在眼前豁然开朗。

整个海岸线的景象徐徐铺开，当我深深地迷恋着这幅美景时，陪跳人员拍了拍我的肩，让我尽量像鸟儿张开翅膀一样，将双臂敞开。我照做了，还情不自禁地因愉悦而微笑着。降落的过程其实很快，但陪跳人员还是给了我机会自由控制方向。在我兴致勃勃、毫无技巧可言的操作下，我俩在空中盘旋了好几圈，让我有种晕车的不适，只好赶紧松手，将控制权交还给陪跳人员救场。

不一会儿，我们就稳稳地降落在了沙滩上。

我还没回过神来，陪跳人员却像是刚下了车一样怡然自得，将运动相机开启录像模式，便对着我问道："感觉怎么样？"我眉开眼笑，激动地说："太赞了！"我们就这么一路交谈着走到了休息室，门一打开，我就看到佩佩和丹丹东倒西歪地瘫坐在沙发上。

陪跳人员知道我们是朋友，便说道："视频几分钟就能好，你们先聊。"没过多久，小朱也归队了，见她微笑着，我便亢奋地与她交流起跳伞的新奇体验，任原本最来劲的佩佩和丹丹"闭目充电"。等小朱的视频也成功导出后，休息室开始逐个播放我们每个人的跳伞过程。

看着视频里体验着自由落体的自己，我心里油然而生的不是寻求刺激和新鲜的热血感，而是劫后余生的感叹。

我回味着当时的心情，发现自己满脑子想着的，是那些自己最放不下的东西。从17岁离家起，每年和父母待在一起的日子屈指可数。我还记得，妈妈曾在某一年的母亲节，隔着电话对我说："如果按照每一年你回家陪我们一周的时间计算，如果爸妈能活到90岁，那你陪伴我们的时间也不到一年啊！"

这些年来，我一个人在他乡念书打拼，一个人独自走过了那么多国家，看过了万千世界，久而久之，就习惯了一个人潇洒度日。成年至今，没能带父母一起感受这个世界，确实让我深感遗憾。

仔细回想，其实妈妈也是个喜欢旅行的人啊！她在没有旅游攻略、没有翻译软件的年代，就和小姐妹们把迪拜、埃及以及非洲等地都玩了个遍，是一个很喜欢接受新鲜事物的人。跟我一起旅行，是她一直期盼着能做的事，而我每次都只是听听而已，没有真的放在心上。

看样子，我并没有自己想象的那么潇洒。就在这一刻，我告诉自己，未来一定要多带着父母一起，去好好看看这个世界。

尽管有着丰富的旅游经验，但我往往都只在陆地上前行。跳伞让我意识到了，原来还可以从高空中看世界！我决定，下一次要从海底来欣赏这奇妙的世界！我想，人生或许也是如此。只要学会了从多个角度去剖析去体会，即便暂时只能停留在原地，也能品出不一样的趣味来。

这个世界，太美好了！我还远远没看够它。我没想到，这彻底解放身心的 45 秒，能足足让我回味如此之久。我希望，自己能够在有限的生命里，多去看看这个世界，多去体会不一样的人生、不一样的活法。

回想起人生中这唯一一次的跳伞经验，我发现这项极限运动的关键，是需要拥有踏出舱门纵身一跃的勇气。人生何尝不是呢？比如疾病、分离与背叛等，其实远比跳伞更可怕，但只要你不因为眼前的恐惧而故步自封，就能突破重围，重获新生。恐高的我，因此而爱上了高空，也开始逢人就推荐跳伞运动，让他们将其列入人生清单。

跳伞不需要等自己做好心里准备，只需要在机会来临时，好好捉住它并且付诸实践，一定会觉得不虚此行。当然，极限运动只适合体质过关的人群。若患有心脏病、低血糖或身体本就太虚弱，还是应当避免。毕竟，没有什么比健康和安全更重要。

10/ 走！我们去布达佩斯

我想，每一趟旅程中最大的收获，是路上结识一见如故的友人。有的甚至只有一面之缘，却会在你的人生留下不可磨灭的印迹。

我之所以决定到中欧旅游，源于与同事 Fenella 的一顿午饭闲聊。

她问我，请了年假后打算去哪儿玩。仔细想想，我的"旅行愿望清单"上，大多能去的地方都已经去过了。由于实在没有特别向往的目的地，我便意兴阑珊地耸了耸肩，表示还不知道。Fenella理解地点点头，继续吃饭，而这家我们常去的中餐厅，总会播放一些华语乐坛流行曲，一时静默也不会尴尬。

一曲终了，又换一曲，我忽然听见熟悉的前奏，紧接响起一段rap（说唱）："琴键上透着光，彩绘的玻璃窗，装饰着哥特式教堂，谁谁谁弹一段，一段流浪忧伤……"

这一首蔡依林的《布拉格广场》，80 后和 90 后都不太可能不知道吧？我忍不住跟着低声哼起歌来，Fenella 也明显地配合节奏轻点脑袋。突然，Fenella 询问道："咦，对了，布拉格你去过吗？听说中欧很美诶！"

中欧？这确实不在我涉猎过的旅游范围内，却也是我早前不曾考虑过的地方。我更向往的是西班牙、意大利、希腊等南欧国家。那里靠近地中海，是灿烂的古文明发源地，经过了时代的变迁，孕育出了新旧交替、相互融合并升华的精彩面貌。中欧虽然也历史悠久，给人的感觉却更像怀旧的乌托邦，仿佛时间得到了静止，哪怕一百年后再到访，也不会相差甚远，不用急着前往。

或许是正陶醉在歌曲编织的梦幻氛围中，我脑子一热，忽然觉得偶尔换换"口味"，到中欧体会一下穿越古城的美好，似乎也不错！当晚，我便开始搜索一切有关布拉格的信息。

布拉格，捷克首都，是一座拥有一千多年历史的城市。它在第二次世界大战期间被德国占领，幸免于大轰炸，因此大部分的古老建筑都得以保存下来。在那里，无论是古迹城堡或新建房屋，大多都刷上黄色及米黄色的墙面。在阳光照耀下，整座城市金光灿灿，熠熠生辉。布拉格也因此有着"金色之城"的美誉。

若能俯瞰这座城市，你会发现还有一条伏尔塔瓦河穿行其间，水光潋滟的景色，充满生机，为古城平添了几分灵气。

哲学家尼采认为，布拉格是神秘的代表。作家及政治家歌德说，它是欧洲最美的城市。20 世纪最具影响力的作家之一卡夫卡在这里出生，并以家园为灵感创作了不少经典作品。知名小说家米兰·昆德拉，则以这里为背景写下了经典长篇爱情小说《不能承受的生命之轻》。

布拉格———一座拥有一千多年历史的城市

在现代年轻人眼中，它就像蔡依林歌曲里唱的那样，神秘、遥远、梦幻，充满着艺术气息；或许也像徐静蕾执导的电影《有一个地方只有我们知道》那样，浪漫且充满怀旧氛围。酷爱历史的人，会将它与布拉格之春、天鹅绒革命等政治运动联想在一起；喜欢电影的人，则能在此寻找到《布拉格之恋》《莫扎特传》《卡夫卡》《碟中谍》等作品留下的痕迹。

了解到的信息越多，我越为这座城市着迷。于是当晚便二话不说订了机票——走起！我的中欧之旅！

第一站，捷克首都，布拉格。从新加坡飞迪拜转机，到达布拉格全程需要 14 小时。但办理完酒店入住后，我丝毫没有疲惫感，反而因极度兴奋，迫不及待地放好行李，就往外跑去。

时逢秋季，寒风萧瑟，天气阴冷。我沿着步行街走上两三百米，就抵达了老城广场（Old Town Square）。这就是传说中的"布拉格广场"，是当地早期的中心城区，初建于 10 世纪，兴旺于 14 世纪。我没看到期盼中的许愿池，只看到了仿佛许久未经修整的古建筑，耸立在乌云之下。

街道上的人不多，却统一穿着深色大衣，来去匆匆。街道旁的路灯下，则停着一辆辆中世纪风格的游览马车。我低头看看脚下深浅不一的灰色地砖，对布拉格的第一印象，是灰蒙蒙的孤傲与肃穆。我不禁在心中感叹，这不愧是一座古城！它没有现代化城市那样气势磅礴的高楼大厦，没有新旧结合的鲜明对照，却能让人从一砖一瓦中，体会到最质朴无华、深沉悠远的韵味。

我边走边想象，有好几代的当地居民，都曾走过这一条路，踩过这一块砖。后来，走到伏尔塔瓦河岸边的山坡上，我眺望城中，看到了一对灰顶的白色尖塔。尖塔十分醒目，即便被房顶漆上了大红色的建筑围绕，依然显得那么与众不同、鹤立鸡群。这便是位于老城广场中心的泰恩教堂，是当地极具代表性的建筑之一。

泰恩教堂的右侧，有一座淡灰色尖顶的塔楼，是旧市政厅所在地。塔楼上有著名的布拉格天文钟，从 1410 年建成至今，依然走时精准。据说凡是到此一游的人，总要来瞻仰这座古老的钟楼。路经钟楼的当地居民，也常常停下来将天文钟当参照，校对自己手表的时间。

不知不觉参观到了整点，意外目睹钟上的窗门自动打开。随着一阵悠扬的钟声，耶稣的 12 个圣徒如走马灯似的一一出现，向人们鞠躬，再返回钟楼。我看着时间，下意识地调了调手表，也算是不虚此行了。

接下来几天的行程中，我还到过当地人在伏尔塔瓦河上修建的第一座桥梁——查理大桥。它是遵照捷克国王查理四世的命令而建造的，因此得名"查理桥"，并存在了 650 多年。别看它平坦笔直，就像一座普通的古桥，深扒历史会发现，它全长 516 米，却没有用一钉一木，是纯石头建造，名副其实的"石桥"。但走在桥上，依然四平八稳，安全感满满，让人不得不感叹旧时代匠人们卓越超群的智慧与工艺。

查理大桥连接着布拉格老城区、小城区和布拉格城堡，是城中至关重要的交通道路。古时候有皇家加冕仪式，也必定会路经此地。桥的两侧栏杆上，还有大大小小的雕像，其中包括天主教圣徒和保护神、女神、武士、人面兽身、兽面人身像等，丰富多彩，彰显了当地的艺术与信仰风貌。

这一座饱含工匠精神、艺术价值、社会意义及信仰寄托的大桥，早在 1992 年就被联合国列入了世界遗产名录。如今，桥上已禁止一切车辆通行，只供人们行走。如果认为古桥会因此而寂静，那你就错了。那里现在聚集了很多纪念品摊贩和画家，都争相着做游客们的生意，热闹而充满生活气息。

如果说，你更喜欢庄严神圣的氛围，那就不能错过圣维特大教堂。它是当地最大、最重要的天主教堂，因经历过不同时期的重建与改造，风格上还集合了文艺复兴、巴洛克及洛可可的特点，可谓独树一帜。最后，当然不能不到布拉格城堡打卡。我很幸运，总算遇上一个大晴天，登高俯瞰整个城市，发现橙黄的枫叶挂满了树，也为大地铺上一层美丽且神秘的面纱。枫叶与经典的红房顶，在蓝天白云下映衬得更加鲜艳明媚，逐渐让我有了走入童话镇的即视感。

在外流连到夜晚，昏黄的路灯下，有轨电车隆隆驶过。那吱吱嘎嘎的声响，回荡不绝，似乎要把今天碾压进未来的历史，让后人从余音的共振中与前人意识相通。

我就这样心满意足地乘上火车离开了布拉格，前往我的中欧第二站——奥地利首都，维也纳。它有着"世界音乐之都"的美称，在街头就有听不完的古典音乐及交响演出。我印象最深刻的，是在寻找落脚的青年旅馆途中，就听见了奥地利著名作曲家施特劳斯的《蓝色多瑙河》。

由于青年旅馆是当地一家"网红别墅"，我很快便找到了目的地，一扔下行李就往外跑。

我的首个打卡地，是当地中世纪后期的皇家宫苑——霍夫堡皇宫。如果说故宫可以代表中国，那么霍夫堡就可以代表奥地利。从1273年至1918年，在将近七百年的时间里，它一直作为皇家御用宫殿。茜茜公主的传说、弗朗茨一世及二世的各种皇家故事，也都发生在这座恢弘奢华的宫殿中。

茜茜公主，本名伊丽莎白·亚美莉·欧根妮，是奥匈帝国皇帝弗朗茨一世的皇后。她当了44年的皇后，也是奥地利在位时间最长的皇后。她的风华绝代、她的自律与智慧、她的潇洒与悲情，至今仍被津津乐道，广为流传。因此，尽管离世一百多年，她仍然是维也纳最受欢迎的IP（具有一定知名度和影响力的作品、人物或形象等），大街小巷都随处可见有关她的纪念商品。

此外，维也纳政府为纪念她和约瑟夫一世结婚150年，还建造了"茜茜公主博物馆"。博物馆里展示有茜茜公主的许多私人物品，还大篇幅地描述了她的个人生活。其中包括她对宫廷礼仪的反抗、对美丽和瘦身的疯狂追求、对体育的极度热衷以及对古典诗歌的痴迷。

在博物馆里阅读着关于她的事迹，茜茜公主的形象，就那么栩栩如生地在眼前浮现。一个原本无拘无束、自由开朗的少女，自嫁入深宫后被礼仪和规矩捆绑，她将多么郁闷与无助？生下三个孩子却没能参与他们的成长及教育，其中还有的年幼夭折，有的为情自尽，叫一个母亲怎能不悲痛？

早已认命的茜茜公主，在感染肺病后离开了奥地利，开始旅居生活，足迹遍布整个欧洲。旅行成了她的心灵寄托，给了她能够自由喘息的空间。但60岁那年，茜茜公主在旅途中，因遭到了无政府主义人士的暗杀，而不幸去世。

了解完她的一生，我感觉自己仿佛窒息一般，呼吸不畅。若将自己代入角色，那种压迫、惊恐、无助与无奈，我怕是一天都无法忍受。离开博物馆时，我不禁在想，头衔、地位、财富，真的有那么重要吗？对于拥有这一切的茜茜公主来说，没准更渴望的，是最简单且平凡的安稳和快乐。

我为了转换心情，花了50欧元到维也纳音乐协会金色大厅，听了一场盛大的音乐演出。那是维也纳交响乐团与巴黎克罗内交响乐团合作指挥，所带来的是意大利歌剧《托斯卡》（*Tosca*）。创作于1900年的歌剧，一共只有三幕，却在音乐的衬托下将情感和戏剧性渲染得淋漓尽致，让人意犹未尽。

直到夜里10点多，我才回到居住的青年旅舍。里头的灯还全亮着，为外观蓝白相间的瓦砖，增添一抹温馨。我刚进门，就看到两个女生在厅里喝着啤酒聊天。听见动静，她们朝我望了一眼，便很热情地邀我加入，一起喝上几杯。

盛情难却，我也只能抛开顾虑，一同举杯畅饮。我才知道，这两位高个子小姐姐，是结伴旅行的奥地利女孩。不知道喝了多久，又有一位女孩从二楼走了下来，见厅里的我们顿时望去，便解释道：“哦，我只是听到声响，下来看看怎么回事。”

她穿着长袖长裤的睡衣，看上去很是年轻，浑身散发着既慵懒、随性又温柔的气息。结果当然是，她也加入了聊天。自我介绍一番，我们才知道她叫Dan，是美国和西班牙混血女孩。但被问及居住城市，她却笑说：“我四海为家！”我一度还真信了，以为她这么年轻，就这么潇洒地开始了旅居生涯。后来熟悉了，我才发现她原来是美国航空的空姐，难怪会说自己四海为家！

无论如何，我对这个长得漂亮、气质温柔却又幽默健谈的女孩特别有好感。得知她还没决定下一个旅游目的地时，我脱口而出道：“我后天出发去布达佩斯，你要一起吗？”她不假思索就回答：

"好啊！"

尽管知道她为人爽快，但不带这么爽快的吧？我笑问道："你不问我为什么去布达佩斯吗？"她从善如流，微笑着问："那你为什么去呢？"我认真且坚定地回答："因为我觉得这个名字好美。"听了我的回答，她嘴角的弧度又上扬几分，然后俏皮地对我眨了眨眼，神秘兮兮地说："那我们一样肤浅！"

一种默契涌上心头，我们哄堂大笑，就这么结下了友谊与约定。

我对布达佩斯唯一的认知，是那部揽下了奥斯卡最佳化妆、最佳配乐、最佳服装设计等大奖且有着强大明星阵容的文艺小清新片《布达佩斯大饭店》。但为了到当地旅游搜索一番，我才知道这部电影其实是在德国拍摄的，而布达佩斯也并没有这么一个饭店。

不过，这座被多瑙河一分为二的浪漫城市，还是很值得打卡的。它的右岸是布达，左岸是佩斯，被著名的雄伟链子桥、灰白色的伊丽莎白桥和墨绿色的自由桥合二为一。我和Dan首先来到的，就是多瑙河上连接着布达和佩斯的第一桥——链子桥。

这座桥是观看两侧风景的绝佳地点，低头能看到大大小小的游船穿过桥底，在一片湛蓝色中掀起雪白涟漪，抬头能看到海鸥在晴天下翱翔。放眼四周，皆充满了唯美的意境。

后来，我们还打卡了自由桥，并花了20多分钟，爬上300多米高的盖勒特山。那是个清晨，山顶上薄雾绵绵，我们待到了云开雾散时，成功将整个布达佩斯收入眼帘。看到一座座风格鲜明的桥，伫立在多瑙河上，Dan还笑着形容，这真像一串串珠宝项链，为这座城市起到了点睛作用。

我们还参观了位于多瑙河畔的国会大厦，砖红色的圆顶及塔尖，结合了哥特式、巴洛克风格和后现代风格，雄伟壮观，大气迷人。只可惜，国会大厦当天并不对外开放，我们只能从外部一览它的宏伟。尽管可惜，但有志同道合的伙伴陪着，我们还定下了"重返之约"，让这趟"闭门羹"也显得那么渺小无谓。

兴致不灭的我们，继续游览布达佩斯。翌日，我们还坐上了当地具有标志性的黄色有轨电车，穿梭过淳朴恬静的街道，抵达了布达佩斯最古老的旧城，然后换乘缆车，登上了城堡山。据悉，这里是俯瞰整座佩斯城最佳的地点。望着夜里一片灯火璀璨模样的佩斯城，我忽然理解布达佩斯为什么会有"小巴黎"之称。

下了山，我提议道："明天我们就要各奔东西了，一起喝一杯怎么样？"Dan 自然是点头说好，于是我们随意找了一家附近的酒吧，边小酌边闲聊，还能感受布达佩斯的夜生活。买单的时候，我抢过账单，直说："今天是我 28 岁生日，让我请客吧！"

Dan 诧异了，埋怨我怎么不早说，否则她定要为我好好庆祝一番。我却笑道："这不是已经一起喝酒庆祝了嘛！"她一时无法反驳，只能无奈一笑，最后给了我一个大大的拥抱，就算补上礼物了。

第二天，由于我要乘搭一早 6 点的飞机，便早早地独自起身离开。还未抵达机场，我就收到了 Dan 的短信："Take care babe, see you around the world!"（保重宝贝，在世界的某一个角落，期待咱们再次相见！）

103

11/ 冈仁波齐的约定

有的时候，约定的威力，如信仰一般。它给了向往一份归宿，一份勇气，让未来充满期盼，让生活更有动力。

每年的生日到世界各地旅行，对我来说已是不可或缺的仪式。30 岁这年，当然也不例外！我甚至觉得，为了更好地迎接 30 岁，我一定要做一点不一样的事，去一个自己向往已久却未能造访的目的地，会更具意义。而我一直挺想尝一尝青稞酒、酥油茶，看一看认真辩经的喇嘛们，走一走神圣的转经路，望一望触手可及云朵的蓝天……于是，我决定了，去西藏！

2018 年 10 月 14 日，我开启了我的西藏之旅。我先从新加坡飞往重庆，再转机进入拉萨，初到了传说中的圣地——西藏。我在沿途的航班上，就看到了鼎鼎大名的横断山脉群，连绵起伏，壮观霸气，令人叹为观止。它是中国最长、最宽也最典型的南北向山系，由于横断了东西向的交通，因此被称为"横断山脉群"。山的两侧有着截然不同气候与地势风貌，造就了丰富的生态格局。正是大自然的这种鬼斧神工，让我还未着陆就难掩心中的激动。

一下飞机，我就迫不及待地冲到室外，抬头看到了湛蓝的天空，漂亮的云彩，令人心旷神怡。乘车前往酒店的路上，感觉一切都是那么新鲜。司机大哥好心地叮嘱我，刚到西藏的第一天不要剧烈运动，最好能待在宾馆休息，先适应一下高原的海拔。我嘴上说好，心里却想，这也不是我第一次到高海拔地带旅游，应该不会有啥吧？比起在宾馆休息，我更想赶紧往外跑，好好看一看祖国在这一方的大好山河！

我特意订了看得到布达拉宫全景的酒店，抵达后便兴奋地跑到顶楼，眺望这一座世界文化遗产。等我终于冷静地坐下，才发觉自己有些呼吸困难，轻微的晕眩逐渐形成剧烈的头疼。那一刻，我真感觉自己的脑袋快要炸开了，刚吃几口的食物，也全被吐了出来。

见我脸色发黑、嘴唇发紫，酒店服务员立即拿来了缓解高原反应的药物，还跟我说如果实在难受，可以去前台拿氧气瓶，吸一吸会好很多。其实比起难受，我更多是被吓坏的。明明刚下飞机时还好好的，怎么突然就高原反应了呢？听了服务员的解释，我才知道原来刚进入藏区时，体内的氧气还没有消耗完，等过了几小时后，就会出现不同程度的高原反应了。

了解了原理，我也不敢嘴硬了。乖乖地在宾馆休息了一天，等第二天身体状况好多了，我才安心出门游玩。

第一站，毫无悬念，必须是布达拉宫。它在藏语里被称为"赞姆林坚吉"，意思是价值抵得上半个世界。虽然不知道它的藏语名称是何时诞生的，但在今日来看，布达拉宫作为西藏建筑艺术的巅峰，又保存了极其丰富的历史文物和文化内涵，说它的价值抵得上半个世界，一点也不夸张。

在我看来，布达拉宫本身就是一座"西藏历史博物馆"。这座始建于唐朝的宫殿，以石木交错建成，匠心工艺，令人赞叹。宫殿内部再以铜瓦鎏金装饰，还有转经钟、宝瓶、金翅鸟等标志性物件点缀，富丽堂皇的景象，叫人目不暇接。最让我印象深刻的，是宫墙上的壁画和浮雕。历经了1300多年，壁画与雕塑依然绚丽多彩，讲述着文成公主进藏过程、五世达赖生平等历史故事和传说。

我被人潮簇拥着，有些艰难地穿梭于各个殿堂中，却丝毫不觉得烦躁。眼前的一幅幅景象，一次次震撼着我。那神圣雄伟的宫殿，传神幽怨的壁画，神秘昏暗的氛围，让我跳脱的灵魂萌生敬畏，不由得虔诚平静起来，乃至于周遭再多纷扰，也不受影响。

一直都知道布达拉宫的神圣与雄伟，但亲临一趟，不仅更了解了它的文化、历史与艺术，还净化了心灵，当真不虚此行。我心满意足地离开了布达拉宫，紧接着步行600米到达八廓街的中心——大昭寺。若说布达拉宫是藏民们信仰的化身，那大昭寺便是生活的缩影。

大昭寺最初的名字为"惹萨"，后来演变成"拉萨"，也是这座城市名字的由来。因此，人们也常说"先有大昭寺，后有拉萨城"。它最大的看点，是供奉了由文成公主带入西藏的释迦牟尼12岁等身塑像。要知道，世界上只有三尊释迦牟尼的等身佛像，并且以12岁的鎏金铜像最为精美尊贵，所以一千多年来吸引了无数教徒前来朝圣。

大昭寺里还供奉着引渡众生的度母像，代表守护的多闻天王，财神詹巴拉，以及修建了堰坝、让拉萨免遭洪灾侵袭的杰瓦布姆喇嘛。其中的祖孙三法王殿，还有藏王松赞干布、赤松德赞及赤祖德赞。这三人携手带来了吐蕃的鼎盛时期，也是他们将佛教广泛传播到了民间，让拉萨成为信徒们心目中最神圣的净土。

不难发现，拉萨人的生活，离不开信仰。

看过了人造建筑，接下来当然要一睹当地得天独厚的自然景观。我预订了一个跟团的行程，上了一台中型面包车后，便正式开启了西藏东线之旅。

面包车上坐满了人，一眼望去，有十几个。由于我是中途上车的，他们有一些在窃窃私语，有一些早已仰头大睡，只剩副驾驶和一个中间位置有空座。我自然选择坐在了中间位置，靠窗的那一边则坐着一个身穿黑色连帽衫及牛仔裤的年轻男子。他留着寸头，双手抱胸，背靠着椅垫，看似睡得很熟。我不好打扰，抱着自己的双肩包，就开始闭目养神，没过多久也睡着了。

"到米拉山山口了，大家醒一醒，下去看看！"导游的一声呐喊，让进入梦乡的全员立刻清醒。车窗外，四周的大地，远处的山峰，都是积雪。对于常年居住在热带国家的人来说，积雪是个多么让人激动的景象！我兴奋地下车，马上看到一块巨大的石头，上面写着：米拉山口，海拔 5013 米。

虽然这只是个入口，但我还是兴致勃勃地掏出了手机，对着巨石就是各种拍，也没忘记留下"合影"。这一下，所有瞌睡虫都被赶跑了！重新上车后，我也与身旁的年轻男子聊了起来，才知道他仅23岁，在大学的最后一年里果断选择入伍，做了一名消防志愿军。

他接着说："对了，你可以叫我阿宝！"很逗的名字，很逗的性格，但傻里傻气的背后，是一股对待任何事情都认真诚恳的执着。而他最想做的一件事，就是来西藏旅游，于是便马上行动了。"就觉得西藏很酷啊！"他一副理所当然的口吻，霸气中带着些许稚气与任性，令我会心一笑。阿宝见状，接着说："我以前从来没自己单独旅行过，这是第一次！这次来也是为了替父母祈福吧！希望他们能够一直健健康康，平平安安。"

这么直爽纯朴的大男孩，让我有些刮目相看。本想着如果接下来的安排一致，我们还能同行，他却说："自从进入西藏后，我就开始发烧感冒，已经两天了。听说，在这种高海拔地区持续高烧，会让身体负担更大……我想着，如果明天还是很难受，不如就回家吧！"

他无奈地笑着说，本以为自己当过兵，身体素质好，肯定不会有问题，没想到高原反应与身体素质一点关系也没有，一旦缠上了，简直让人身心俱疲，束手无策。想起自己第一天的高反情况，我默默地点头，表示深有同感。

听阿宝问我接下来准备去哪儿玩，我分享道："这个行程结束后，就回拉萨休息两天，再去阿里吧！"

"阿里？那是哪儿？"面对阿宝的疑问，没去过的我也不知道怎么解释，只能笼统地说："不都说，没去过阿里，就不算真的去过西藏吗？"由于我们已经互加了微信，我顺手把几篇关于阿里的介绍文章发给了他。

接下来的一路，阿宝都在刷着文章，也做起了自己的"阿里研究"。他时不时发出赞叹，时不时还要把手机递过来，让我一同欣赏屏幕上的图片，最后坚定地看着我，认真说："姐，如果我这几天不发烧了，我也要跟你去阿里！"

这猝不及防的回应，让我颇为震惊。看着眼前这个大男孩兴致勃勃，我只能点头笑说："好啊！那你赶紧好起来，跟我去阿里！"

事实证明，人的意志与信念，是特别强大的。

在这西藏东线之旅，我们去看了著名的神湖"巴松措"，造访了宛如仙境的"鲁朗镇"，登上了"南迦巴瓦峰"，夜里还和藏民一起载歌载舞地欢度篝火晚会。明明行程又赶又艰辛，但阿宝奇迹般地精神越来越好，也连续几天不再发烧。看他勤勤恳恳地天天量体温，还要向我证明真的不烧了，当真让我啼笑皆非，但也松了口气。

这毕竟是路上"捡"来的弟弟，健健康康地一起出发，才叫人安心。于是东线之旅一结束，我和阿宝就回了拉萨休整两天，马上又随着出发去阿里的团，再度启程。

这一次，一共五人的团，除了我和阿宝，还有喜欢戴着墨镜的詹哥、在东北做导游的马荣和小丁。我们的导游看着四十来岁，操着一口川普，用那独特的口音给我们介绍一路景色时，常常让我们不约而同地笑出声来。阿里的海拔更高，山路崎岖，原以为会更难受的我，反而全程一点高反都没有，心情比在东线旅游时还轻松愉快。

阿里的第一站，是海拔4000多米的三大圣湖之一——羊卓雍措（简称羊湖）。才刚下车，我就注意到不远处的高台上，有两只毛茸茸的大藏獒！它们一黑一白，形成鲜明对比，走近一看，我还发现它们戴着墨镜，乖巧地直视前方，坐姿动也不动，模样又酷又萌。

一问才发现，原来藏民为了供游客拍照，特意将藏獒们训练出了"摆拍"技能。这些藏獒性格温顺，拍照时可靠可搂，只要注意力道，不让它们受惊吓，基本不会有什么问题。说回主角——羊湖，由来自念青唐古拉山脉上的雪水填满，一片碧波，蓝得不可思议，叫人叹为观止。

听导游说，不是所有的"措"（即"湖"）都可以称为"雍措"。一般的"措"，或是浅蓝或是湛蓝，再惊艳也只能是天水一色。但只要是叫"雍措"的湖，则将如同碧玉宝石，璀璨动人，美得淋漓尽致。

接着继续前行，我们的车子停在公路边，也清晰可见云雾下的卡若拉冰川。据说，有许多大电影曾在此拍摄，让它名气大增。但我却觉得，分明是电影沾了它的光。晚上8点多，我们抵达了有着"西藏粮仓"美誉的日喀则市，品尝到了从当地田里收割来的食材所制成的美酒与佳肴。

在日喀则市，我喝到了心心念念的"地道的青稞酒"，也与一帮团友把酒言欢了一晚上。第二天，我在通往萨嘎县的车程上，看见了许许多多的野鹿、牦牛、马驹等动物。身为城市里长大的小孩，我平时见到猫猫狗狗都要兴奋半天，更何况是看到这种连动物园里都未必会有的动物？

更让我感到神奇的，是这些野生动物似乎不怕人，也不怕车。似乎无论周遭情况如何，只要不是有以捕食它们为生的猛兽出现，它们就能"老神在在"地吃吃草、喝喝水。一切，那么平静，那么安逸。

中午时分，我们在一家荒野中的餐馆前停了下来。吃过了饭，我见餐馆门外坐着七八个人，有老有小，看像是一大家子。他们席地而坐，身后的公路上停着一辆老旧的小货车。那群人中，有个明显最是德高望重的老爷爷，手里盘着佛珠，坐在一角闭目养神。

我们的导游习以为常，上前就与那一家子唠起嗑来。我饶有兴趣地在一旁听着，他们为了迁就我，大多时候也说着普通话。我这才知道，老爷爷已经八十多岁了，也是他执意要带着一家大小一起来转山。导游后来告诉我，对一个藏民或是佛教徒来说，毕生最大的心愿莫过于到"神灵之山"冈仁波齐朝圣。传说中，只要绕着冈仁波齐转山一圈，就能洗尽一生罪孽，转十圈则能在五百次轮回中免受地狱之苦。

更神奇的是，如果在释迦牟尼诞生的藏历马年转山一圈，则可增加一轮（即 12 倍）的功德，相当于常年的 13 圈。为了能接受灵魂的洗涤，修来世的福报，千百年来，有无数人不远万里，行着磕长头之礼来到冈仁波齐。这一路跋山涉水，条件艰苦，心中却不得有埋怨。若是不幸在途中病倒、逝世，也会被视作一种福分。

大抵是那一家人的虔诚和炽热，感染了阿宝。他听完关于转山的故事与初衷，立即热血地宣布道："我也要去转山！"包括导游在内的六人里，就属阿宝年纪最小，听他信誓旦旦，我们只当小孩子一时脑热，并不放在心上。但接下来几天，他除了吃饭和睡觉，都在认真地研究地图，不管我们问他几次在干什么，他都会说："研究转山怎么走啊！"

这小子，居然来真的！导游也意识到了不对劲，连忙提醒说："你这衣服不行，鞋子也不行！按照你现在的装备，山里一到晚上，你就会被冻死的。一般去转山的人，都是提前准备得很充分的！"确实，那天遇到的一大家子，据说是花光了家里所有的储蓄，买了一辆货车，车上备齐了足够的衣物、粮食和其他必需品，这才出发的。

别说晚上会冻死了，就连在白天大太阳底下，这里的气温都在10℃以内，加上比拉萨高了近千米的海拔，走得再快一些，我都感觉要呼吸不过来了。就这样还转山？我敢打包票，一圈没转完，命都先给玩完！无奈阿宝显然没听进我们的话，依旧一派天真且任性地说："我不管，我死都要去转山！"我无奈极了，抬头望着绵延不绝、巍峨险峻的山，却觉得想攻克阿宝，怕是更困难。

当天，车子从黄昏一路开到了深夜。听导游说，我们离冈仁波齐越来越近了，两侧的道路也越来越荒芜，除了一片片的树木和石头，几乎什么也没有。我正昏昏欲睡，导游的紧急刹车，让我一个磕头，立即清醒过来。大家纷纷从车头的挡风玻璃看出去，猛然看到被车灯笼罩的一道人影。

导游解释说，山路太窄了，一个转弯，差点就撞到了正在转山的一名男子。但男子一点都未被影响，仍目不斜视地匍匐叩首，接着站起跪下，倾身前扑，又再匍匐叩首……他的手掌绑着木块，膝盖被一块皮垫包得鼓鼓的，但这些工具都已明显破损。

那一刻，我内心犹如被人扔下了巨石般，大受震撼。若说在布达拉宫、在大昭寺、在公路旁，有人磕长头来彰显诚意，我都能理解。但眼下这是在山区，在荒郊野外，不管你是走的、跑的、爬的或乘车的，都没人看见啊！更何况，天都黑了，装备再充足，难道不怕失足或出意外？有什么能比自己的性命更重要呢？

我问出了心中的疑惑，导游却像看破了人生般，轻轻笑道："对他们来说，最重要的是信仰。他们才不管有没有人看到，有没有意义，只觉得应该做就做了。这就是信仰的威力。"我正感叹人生不易，阿宝又开始抽风，直嚷着太崇拜这些人，一定要跟他们一起去转山。

这一刻，我和詹哥无意间对视了一眼。紧接着，我发现詹哥眸光一闪，忽然掏出手机低头飞快地打了些什么，并发送出去。几乎同一时间，我的手机收到了一封来自詹哥的信息，打开一看，竟是"制服"阿宝的妙计！

看我一脸了然，詹哥忽然站了起来，走到阿宝身边，一边拍着他的肩头，一边说："我突然也想去转山了！走走走，我们一起出发！"我立刻凑热闹，附和道："对啊，感觉好伟大！阿宝，姐姐我也陪你一起转山怎么样？够义气吧？"刚刚还满怀壮志的少年，立即就一脸茫然，下意识地抗拒道："啊？不用不用……我自己一个人可以的！"

马荣和小丁也看出了门道，随即出声说："诶，山又不是你的，你想去，我们也想去啊！你想自己一个人的话，那我们不跟你说话就是！"这一次，换阿宝哭笑不得，在寡不敌众的情况下，终于乖乖妥协。

经过这件事，我们"阿里六人帮"的关系仿佛更进了一步，也变得更有默契。原以为阿宝是彻底死心了，没想到抵达冈仁波齐山下的那天，他盯着山看了很久很久，一直不舍得离开。这毕竟是我在阿里之行"捡来"的弟弟，看他念念不忘，我终究于心不忍，便信誓旦旦地说："别看了！山在这里又不会跑，你要是真想转山，我们来个约定怎么样？咱们等 2026 年，藏历马年，再来转山，完成这次没有完成的事！"

冈仁波齐的约定！ 2026 年！一言为定！

114

这可把阿宝激动坏了，一个劲地让我不能食言。听见对话的詹哥、马荣和小丁，也全都围了过来，异口同声地说："也算我一个啊！"于是两个人的约定，成了五个人的约定，扫视每个人脸上真挚的神情，再眺望这座庄严的神灵之山，我微微一笑，承诺道："好！一言为定！"

12/ 遇见"蒲甘"

我从来没有想象过在世界的某一处，有的人拥有几块布、几根木杆就能过一生。那一次我的思维好像被打开了，也发现人生需要的东西，其实并没有那么多。

我妈妈是一位虔诚的佛教徒，一直以来都念叨着，有机会一定要去有"万塔之国"美誉的缅甸看看。2014 年 10 月，我终于实现了带着妈妈一起去旅行的计划。

飞机在缅甸故都仰光落地时，已是黄昏。我和妈妈拦了一辆出租车，就穿行在前往市中心酒店的路上。夕阳映红了半边天，我摇下车窗准备用相机记录下这美好景象时，有几位僧侣出现在了镜头中。他们身穿暗红色袈裟，怀中抱着化缘用的大银钵，脚下未穿鞋履。

光辉洒在他们身上，借着大银钵光滑的表面，折射出璀璨光芒。我手一抖，把照片拍模糊了。对于乘车的我来说，那明明是个转瞬即逝的画面，却不知怎么的，偏偏在脑海里定格了很久很久。

继续望向车窗外的街景，看着一栋栋充满殖民地色彩的老旧建筑，回想着夕阳下僧侣们令人肃然起敬的场景，我才渐渐明白，这种"接地气"的庄严与不符合国际主流的悠然自得，或许便是缅甸的特色。

第二天一早，妈妈不停地催促着我出发，因为第一站就是她心心念念的大金塔。缅甸的大金塔，与柬埔寨的吴哥窟和印度的婆罗浮屠，并称为"东南亚三大古迹"。它位于仰光的最高点，塔身贴有 1000 多张纯金箔，所使用的黄金重达 7000 公斤！说它是世上最重最贵的塔，一点也不夸张。

大金塔的塔檐，还挂有 1000 多个风铃，缀以近万颗钻石珠宝。虽然无法就近欣赏，但远远仰望，看点点金光在日照下灿然生辉，其雄伟壮观的程度，远超想象。但对当地人来说，它的神圣源于供奉着四位佛陀的遗物，即拘留孙佛的杖、正等觉金寂佛的净水器、迦叶佛的袍和佛祖释迦牟尼的八根头发。

正因如此，才早上 7 点多，前来参拜的人就络绎不绝。他们手捧鲜花、纸伞、水果，先脱了鞋子入塔，再到佛像面前找一处空位，开始跪拜诵经。我和妈妈也找到了人相对少一点的位置，盘腿坐下，就双手合十，闭目默念心经。

来之前，我和妈妈约定好，一定要在此念上 99 遍心经。但不知过了多久，就总觉脑海里有各种杂念，无法彻底静下心来。我悄悄睁开眼，看了看四周，观察后发现，包括妈妈在内的所有诵经者，手上都捻着一串佛珠。

我在心里默默念叨着，要是我也有一串佛珠就好了！正走神，妈妈忽然拍了我一下，问道："你热不热？别中暑了！"尽管坐姿已经十分乖巧挺拔，我还是下意识地直了直背脊，赶忙笑着摇头。即便如此，我一抹额头，才发现自己已经汗流浃背。看了一眼手表，已到中午 11 点多，是太阳最猛最烈的时候。

大金塔的露天诵经堂上，地板被烤得发烫。我一面敬佩那些还能坐定诵经的礼佛者，一面和妈妈退到一处凉亭里喝水小歇。或许是被礼佛者们的虔诚感染，补充好水分，整顿好心态的我，在小歇后继续和妈妈默念心经。那个下午，我没再萌生任何杂念，顺顺利利地完成了我来缅甸的第一项任务。

但到仰光可不止诵经礼佛！除了大金塔，我还看到了茵莱湖上用单腿划船的捕鱼人，并在中国城"尾随"一群小沙弥，看他们用最古老的方式化缘。此外，还在当地菜市场，偶遇了传说中的"释迦果"。

这些当地人的生活点滴，与大金塔一样，存于人世，历久不衰。尽管一切都那么原始，但总让我觉得，返璞归真的，不是这座城市，而是来到这座城市的我们。

如果说，仰光放缓了时光，让我们在现代亦能感受过去的朴实，那么，作为缅甸的古都，蒲甘是真正做到了静止时空，能让旅客回到过去。

蒲甘是古代王朝的发源地，也是缅甸历史开始的地方。我对它的第一印象，是在多年前看过的一部纪录片中。画面里，层层云雾中重峦叠嶂，有一座佛塔若隐若现，宛如玄幻剧里神仙居住的仙境。那一刻，我便决定要去蒲甘看一看，亲眼见证让人望尘莫及的人间仙境。

但抵达蒲甘，别说是通往仙境的天梯，就连最普通的马路都不常见。脚下踩着的，大部分是黄土泥地，而车站停着的是一辆辆马车。如果是独自旅行，我恐怕会租一辆自行车代步。但顾及妈妈，我便在刚抵达酒店休息时，去了一趟前台，成功约到了一名当地向导兼司机。

等我们整顿好了，向导也准时来到酒店接应。他的名字叫Mike，是一位土生土长的蒲甘人。由于曾到过海外留学，Mike的英语非常流利，后来回到家乡做起全职导游，还自学了华语，是个了不起的大叔。简单认识后，我们上了车，便出发前往蒲甘著名的他冰瑜塔（That-byin-nyu Temple）。

一路上，望着几乎可以用"萧条"来形容的景色，Mike告诉我们，蒲甘虽然随着古代王朝的落寞而不再辉煌，但仍保留约两千座大小佛塔和佛教遗迹，是座内涵深厚、值得探索的城市。他说："不信的话你伸出手来，每根手指的方向，必定会有一座佛塔！"我迟疑着照做，发现还真的是如此。难怪都说，蒲甘"五指之处，皆为佛塔"，看来确实是名不虚传。

而他冰瑜塔，是蒲甘最高的佛教建筑。它建于1144年，历经近千年的风霜，白色外墙已然泛黄斑驳，不免让人唏嘘。但这并不影响它的宏伟，光是这巨大的塔身，就已足够让我叹为观止。

尽管外表有些许落魄，他冰瑜塔内却有五层楼的设施。第一、第二层是僧侣居住的房间，第三层是个冥想大堂，第四层有个图书馆，第五层则安置了一尊砖砌佛像。循着台阶上达所谓的"七级塔坛"，就来到了最顶端的瞭望台。站在这里，可以俯瞰整片蒲甘平原，还有清爽的微风，在不知不觉中，吹走了我的杂念。

没过多久，太阳落山。一颗咸蛋黄似的火球垂挂在天边，一点点隐身到了云彩之后。被染红的天空，为一片郁郁葱葱的平原增添几许愁绪。不知数百年前的人们，是否也曾在此伫立，感叹着王朝的兴衰。这样的画面，也让我想起了第一次抵达仰光时看到的落日。

同一个太阳，同一片天空，却给我带来了截然不同的感受。但我还来不及悲春伤秋，因为要趁天黑前参观下一个佛塔，被妈妈催促着离开了。接着，我们乘车前往达玛央吉塔，远远地就看到了那坐落在一片翡色中的红砖建筑。或许是建筑工艺了得，这座佛塔几经地震摇荡，都安然无恙，令我格外好奇。哪知问了 Mike，才知道是因为当时的国王对工匠们格外苛刻，兴许正因为如此才为佛塔打下了牢固的根基。

Mike 说："国王对工匠的要求是，两块砖中间不能插进针头。如果检查时发现没做到，工匠就会被拉去处死。"尽管 Mike 以再平常不过的语气说着，我却不禁觉得毛骨悚然。像是发现我的小动作，他接着笑道："你没发现它有什么不同吗？你看看顶端，它虽然也像个金字塔造型，但却是没有塔尖的——因为啊，国王在佛塔建成之前就被刺杀了！你现在看到的，是还没建完的样子呢！"也因此大家称玛央吉塔为"厄运塔"。

这样一座名胜古迹，居然是还没建完的样子？我有些惊讶，不由得佩服古人的智慧与工艺技术。

进到塔内，看着排列整齐、紧密相连的红砖，让人不得不对那段"建塔传说"又信了几分。由于许多道路和门廊都被碎石填满了，能参观的只有外院和一个走廊，但已让人心满意足。为了赶在天黑前找个地方吃饭，我们匆匆结束了参观，回到起点准备离开。

这时，妈妈的目光忽然被一个小型"画展"吸引了。达玛央吉塔前的空地，有个中年男子立了画架，正在画画。画架旁，歪歪斜斜靠着几幅已完成的画作，大多画的是达玛央吉塔，还有少数的彩色卡通人像。

中年男子皮肤黝黑，剃了个寸头，脸上涂着当地人用来防晒的姜黄色"美容霜"。他还穿着缅甸的传统下装"纱笼"，与四周那些穿着现代时尚潮服的旅客们一对比，大有世外高人的气息。妈妈向来对佛教相关事物都特别感兴趣，执意要买几幅画，而我一听价钱合理，画风潇洒写意，赏心悦目，自然不会阻拦。

趁妈妈在挑画，我通过 Mike 与中年男子交流起来。他说自己是个"没有文化的人"，因为父亲在他记事起就总在这里卖画，所以也继承了手艺和生意。据知，他家好几代人，都在此以画画为生，并且也引以为傲。因此，他从来没想过要干别的，就这么日复一日，有客人时就画客人，没客人时就画达玛央吉塔，也很不错！

虽然听不懂中年男子在说什么，但从他的表情、肢体和语气，不难听出他对达玛央吉塔情有独钟。据 Mike 翻译描述，中年男子将自己看作是像达玛央吉塔的"门卫"。无论过去多少年，无论多少游客来去匆匆，他都选择坚守岗位，毕生瞻护这座佛塔。

我下意识地纳闷道："可它不是代表厄运的佛塔吗？"还来不及阻止，Mike 已将我的原话翻译，只见中年男子哈哈大笑，尔后忽然神色凝重，不知道说了些什么，连带 Mike 也收起那惯有的嬉笑模样。

我既无辜又羞赧，不自觉挠耳垂头，假装看画。直到 Mike 告诉我，原来中年男子自小家境贫寒，是吃着达玛央吉塔布施的饭菜长大的。他们家不求大富大贵，下雨了有房遮挡，天冷了有衣可穿，饿了有口饭吃，那就够了。平时，中年男子就宁愿只守着这座佛塔，以回报恩德，并不想忘本离乡追求什么"更好的生活"。对他来说，目前的生活既能温饱，又能让他充满成就感，就是最好的了。

"厄运塔"名称的由来，确实给达玛央吉塔增添了不少传说色彩，让人津津乐道。但这一刻，我不禁为自己对达玛央吉塔产生的刻板印象而充满羞愧。或许，会将它称作厄运塔的"当地人"，早已离世数百年。而在当代的蒲甘人眼里，但凡受过它的布施与恩惠，只会感激它赶跑了挨冷受冻的厄运。

看妈妈最后只选定了一幅画，我满怀兴致地又挑了两幅，才舍得告别达玛央吉塔与它的守护者。

我们三人重新上路，在光线一点点昏暗下来时，经过了一个郊区。我发现道路两侧都有居民在活动，好奇之下让 Mike 停了车，让我们就近看看。我的旅游宗旨，向来是体验当地风俗，了解当地民情，否则就感觉只是走马观花，没有意义。

草坪上，只有几块木头搭建出的"帐篷"，里面铺着草席，还摆了好多塑料桶。一旁的树丫上，则挂着五颜六色的花布。我不解地问 Mike："他们住这里吗？怎么没有房子呢？"我难得看 Mike 愣了一下，然后指着"帐篷"对我说："这就是他们的房子啊！"

什么，就这？！这一次，我真的来不及修饰语气和神情。这样的"房子"，根本不比我在大城市里露营用的帐篷牢靠，确定能住人吗？感觉略大一点的雨，都能把它给淋塌了！听着我的不解，Mike 无奈地道："确实是这样，但这就是缅甸最穷的人住的。"

Mike 都这么说了，我也只能勉强接受。看十来个小孩在平原上打打闹闹，我的心情也没能好起来。他们虽然精力充沛，但一个个都没穿鞋子，还灰头土脸的，身上仅有的"衣服"，也只是一块遮挡着重要部位的花布，让我十分感慨。

我有感而发地问道："这么多孩子，可怎么养活？"Mike 耸了耸肩，回答："可能是他们需要的本来也不多！几块布在小孩之间换着穿，更小一点的甚至都不用穿，也不会怎样。在我们国家，还有寺庙会每日布施饭菜，总不会养不活。"

Mike 接着说，他也是花了很久才想明白，那些一辈子没离开过家乡的人，根本看不到外界的人是如何生活的。他们或许贫困，但绝不觉得穷苦，反而淳朴善良、天真无邪。没有对外界的认知，就没有攀比心，哪怕一无所有，也坦然快乐。

我这才恍然大悟，自己从小在城市里生长，根本不被允许"无知"，又怎能理解无知带来的快乐呢？就在我陷入沉思，准备离开时，有位妇女拍了拍我的肩，双手捧着个小物件，硬要塞到我

123

手里。

我下意识往后退，才看到她身边站着个头发乱糟糟的小妹妹。小妹妹手里，还捏着我刚刚送她的旅游纪念品——从仰光买的大金塔别针。别针金光闪闪，就被我别在斜挎包的背带上，估计吸引了小妹妹的目光，因此她跟着我走了一段路。后来被我发现她直勾勾地盯着别针，我就取下来送给了她。

联想到妇女的反应，我心想，她是带着妈妈来"回礼"吗？与此同时，帮忙拦下妇女的 Mike，也问清楚了她的来意，便赶忙跟我解释道："她说女儿死活不肯还你的东西，所以坚持拿了自己随身携带多年的佛珠跟你换，不能白拿。"

佛珠？我正愣着，妈妈忽道："哎呀！你不是想要一串佛珠吗？这样正好！"对的，这样正好！不过，也太巧了吧？

因为妇女目光殷切，小妹妹也一副生怕别针被抢走的模样，我便连忙接过佛珠。耳边响着一声声当地语中的"谢谢"，我情不自禁地也跟着双手合十，用当地语重复说着"谢谢"。

那串佛珠，至今还在我家，摆在桌面上最显眼的位置。每当心情烦躁，我总会拿起它，想到那明明家徒四壁还坚持用佛珠交换别针的母亲，就让我格外感动。

在仰光许下的心愿，用仰光大金塔买来的纪念品实现了，至今想来仍感觉不可思议。无论如何，我都要谢谢蒲甘，让我遇见最纯真朴实的人们，让我感受那些无法用物质去触发的心境，让我打开了自己的眼界与思维。

13/ 不负时光

分享一篇在旅途中写下的微博日记。

从亚洲到美洲，从欧洲到澳洲，走过了世界那么多城市，我到目前为止最喜欢的是墨尔本。

一个城市一种状态，我去过悉尼几次，也在那里有不少朋友，然而却始终无法爱上它。那里没什么不好，只不过 "not my cup of tea"（不是我的菜）。或许，是大城市的气息太浓郁了吧！

我在黄金海岸，见过最美的夕阳。但那样的美好，似乎太过于不切实际，会令我沉醉而懈怠。我想，它或许更适合安安静静地养老。在不需要为了生活奔波忧烦的年岁，买下当地一个海岸边的公寓，过着每天追看太阳的日子，想想就觉得惬意！

我眼中墨尔本的状态，刚好介于悉尼和黄金海岸之间。它将忙碌与慵懒平衡得恰到好处，特别符合我当下的向往与心境。或许你也和我一样，到了某个年龄，感受过许多不同的生活节奏与面貌后，会突然发现奋斗并不是生命里的全部。我们，都能追寻各式各样的生活方式。

D，金发碧眼的大美女，第一眼看上去像是从电影里走出来的女特务。初次见面，她穿着一件皮衣，特别地酷，就在我以为她要走向路旁那一台机车时，她却朝我走来，自我介绍说是我们聘请的司机。那天，她带着我和友人去参观菲利普岛（Phillip Island）。聊天的过程中，我得知她一周工作三天，一年在墨尔本待三四个月，等到天气转凉了，就去其他的国家工作与生活。

D一直过着旅居生活，在每一个城市也过得极其随心所欲。我问她，如果一周只工作三天，那剩下四天怎么办？她回答："我都在好好生活啊！"看我一脸茫然，D继续说道："不工作的时候，我都在暂时租的家修剪我的小花园，或者和朋友去酒庄喝喝酒、看看书、聊聊电影……有太多事情可以做了！"

听到这里，我突然陷入了沉思。一直以来对于我来说，"好好生活"就是拼命工作。似乎很多在大城市里奋斗的人们，都和我一样，忙着忙着，都忘了什么是"好好生活"了。你有多久没放下手机，安安静静地品一杯茶？有多久没有在自家的院子里，看看刚冒出枝芽的盆栽？有多久没有好好观察，自家狗子舒舒服服地躺在阳台上晒着日光浴，将眼睛眯成一条缝的可爱模样？

在墨尔本的街头闲逛时，我还邂逅了一家名叫Cookie的酒吧。我在酒吧里认识了黑人女艺术家Gino，接着到舞池里蹦跶一圈，认识了扭起来比女人还妩媚的男健身教练Zen。三个背景与职业毫不相干的人，就那样天南地北地聊着，仿佛像是好久不见的朋友。第二天，Gino约上我和Zen，到艺术馆里看她的画展，并和我们

——讲解她每幅画背后的故事。

还有一次，我误闯入了墨尔本某街角一个被包场了的咖啡厅。那里正在庆祝老奶奶 Sophia 的 90 岁大寿，是一场私人生日派对。尴尬的我正准备离开时，被白发苍苍的寿星一把拉住了手。我能明显感觉到，她手上被岁月洗礼过的皱褶，摩挲着我的肌肤。接着，她笑着和我说道："如果有空的话，欢迎你加入我们，给我一起过生日吧！"

听起来很匪夷所思，但我还真的就厚着脸皮，加入了这场热闹且温馨的生日派对。最让我难忘的，是那特殊的"念信环节"。那是 Sophia 特地在生日邀请函里注明的，让到场的人都亲手给她写一封信，当作生日礼物。来自亲朋好友的感恩、调侃、回忆，让我听着听着，都感觉自己仿佛已经认识 Sophia 很久很久了。

吹完蜡烛，切完蛋糕，一直让人情绪高昂的派对，这才缓和下来。在我只顾着低头吃蛋糕时，Sophia 走了过来对我说，她能活到这个年龄，还有家人朋友在身旁，已经比很多人幸福太多了。看着她饱经风霜的面容，露出孩子般单纯快乐的微笑，我似乎懂得了何谓心灵上的返璞归真。

告别 Sophia 前，我特地向服务员借了张纸和笔，当场写了一封信。把信交到她手里时，老奶奶开怀大笑地说道："你居然也给我写了信！谢谢 Zoe，我会好好珍藏的！"

离开咖啡厅时，已夕阳西下。尽管原本的计划一个都没完成，但我对这个陌生的城市，忽然萌生了几分亲切与熟悉感。我还感觉身心轻快，一个人在街头就傻笑了起来。

还有一次，在去当地知名富人区东布莱顿（East Brighton）的路上，我和叫车软件的司机 Chai，聊起了天。他是越南人，在墨尔本念了两年的研究生。因为很喜欢墨尔本的生活，Chai 在研究生毕业后就留了下来。他现在有两份工作，一个是咖啡厅服务员，一个是司机。

　　千里迢迢来到墨尔本念研究生，怎么会做起与专业毫无关系的工作呢？我问出了心中的疑惑，Chai 笑道："喜欢就做了呀！我对现在的生活状态很满意，与专业毫无关系，又有什么关系呢？"他看着我，眼神里充满了笃定。

　　看来，尽管自己也是漂洋过海，独立生活，但在思想上还是有些传统守旧的。Chai 说得对，只要自己开心，其实没必要太在意从事的是什么行业。生活中，更重要的是让自己每天充满动力，让自己每天都能迫不及待地起床，然后告诉自己，这又将是美好的一天。

　　我想，这就是墨尔本能给一些人带来的魔力。

　　至少在这短短十天的旅程中，我从这座城市感受到最多的，就是"包容"二字。它尊重一切存在，可以让你明明穿梭在有着不同肤色、不同打扮的人群中，却从彼此身上察觉不到一丁点的距离感。

　　有些人也许会觉得，懒散是澳洲的代名词。然而，我更愿意用"懂得生活"去形容这种生活状态。大部分的当地居民都不为数字而盲目努力，而是很好地平衡着工作与生活。其实无论生活在哪一座城市，只要它符合你的生活节奏，并且你能够乐在其中，那就是最适合的了。但我还是想提醒你，不管工作有多忙，都要记得每天给自己一些"me time"（自主时间），好好放下一切繁琐，去感受内心、感受生活。

对我来说，最向往的状态，是周末能打理一下院子里的花花草草，在有阳光有花草的地方摆上画板开始创作。我想让整个家，里里外外摆满了亲手创作的油画或艺术品。如果可以，我还想在离墨尔本市区不远的农庄里饲养几匹马，给它们取帅气的名字，等有空了就骑着它们在草原里奔驰。

等年纪再大了些，我可以寻一处历史悠久的古街，在转角开一间咖啡厅，给无家可归的人们开个小灶，提供歇脚处。等夜晚咖啡厅打烊了，就参加文学沙龙，以文会友，或和一群志同道合者探讨人性与哲学，结交更多的"同类"。

这就是我要的生活！

在这个物欲横流的时代，你那么拼了命地努力，究竟是为了什么呢？

为了买房，以及买更大的房？为了买车，以及买更豪华的车？又或者，你是为了梦想，为了有朝一日，能抛下一切，去环游世界。你口口声声说着喜欢旅游，喜欢世界，但哪次出国不是上车就开始睡觉，到达目的地就走马观花地拍一圈照片，然后匆匆忙忙回到原来的城市，继续埋头苦干？

现代社会的工作方式，把你训练得像个高产的机器，都忘记了生活的本质。如果可以，希望你能适当地停下脚步，把自己还给自己，把生活还给生活。

我很庆幸，能邂逅墨尔本，让自己学会慢下来。在那里，我可以一杯咖啡喝一个下午，去思考一些有意义或没意义的事物。又或许，我可以不用思考，纯粹对着路过的人群发会儿呆，让脑袋放空。人脑很神奇，明明有无限容量，但不偶尔清理，总感觉它快要被塞满，快要因为无法负荷而爆炸。可一旦重启，它似乎又充满了能量，能继续装载很多新鲜事物，让你感觉每天都过得那么新鲜与充实。

就像此刻的我，坐在墨尔本的最高点，一边喝着咖啡一边俯瞰这座有故事的城市。突然，耳边传来了远处教堂的钟声，那么遥远，却又那么清晰悦耳，衬的氛围越发平静美好。用心体会这一个再日常不过的细节，我忽然深有感触——有时候，爱上一座城市的心动，并不亚于一段爱情。

说起爱情啊……真是让人两难。我如今才明白，自己需要的是心安多于心动。一段无法代替、非你不可的爱情，只存在于日本歌手宇多田光所唱的《初恋》（*First Love*）里。遇见并不难，难的是相守，是为彼此磨平棱角的意愿。在爱情里，我们都要一点点学会摒弃往日的稚气，去包容，去体谅，去理解，去互相扶持。

可事到如今，我还是不想将就。或者说，我还没遇到那个，让我愿意将就的人。思来想去，终归还是那句：只要人对了，晚一点没关系。如今为了摆脱单身而恋爱，为了"定下来"而结婚的人比比皆是。我想，我不需要为了这个世间常态，去贡献那一点点的存在感。

但人啊，怎会没有七情六欲？逃不开，就一遍遍经历。在无数个辗转难眠的夜晚，每每冥思苦想一宿，都让自己更沧桑几分。看遍了世界的千姿百态，我发现世界万物各有自己的"人生观"，我们不必为了任何一个与自己想法相左的人、事、物而烦恼。

活得太认真，真的会很累很累。庆幸我在工作以外，拥有一群逗比可爱的朋友，总能用他们独特的魅力，把我拉回属于自己年龄该有的样子。和朋友们在一起的我，永远能安心地保持最舒服、最轻松的状态。

名誉、地位、金钱，如果不是你想要的，那何必盲目追赶那些跑在你前头的人呢？能过上自己喜欢的生活，其实比什么都重要。但愿你我都不负时光，在努力奋斗的岁月里，不错过生活里的一切小确幸。

最后，让我节选澳大利亚近代小说家汤米·科顿（Tommy Cotton）的一首诗"Wandering Through a Wondering Mind"做结尾：

Life is too short

And way too great

To waste time being negative

With things like anger and hate.

So make the most of it

And enjoy the ride

Because our time here is a gift

131

And we are lucky to be alive.

As much as possible I'm going

To smile and love my life

Do what I want

Because we don't live twice[*]

——2016 年 5 月 5 日，写于墨尔本尤里卡 88 层观景台

---

* 诗歌大意（作者译）：生命太短暂 / 太过于美好 / 不应浪费时间陷入消极 / 去愤怒或仇恨 / 不如充分利用它 / 并享受生命的旅程 / 因为我们此刻的时光是一份馈赠 / 能活着就是一种幸运 / 我会竭尽所能地 / 去微笑并热爱生活 / 做自己想做的一切 / 只因我们仅仅只过这一生。

第三章 领悟

从来知中
体会人生百态

14/ 7年偶像的真面目

2011年是我进入职场的第二年，得益于工作需要与时间自由，能够开始满世界飞。关于旅游，有太多太多美好的回忆。但这篇要说的，是一场让我心有余悸的经历，一个让我至今闻之胆战的"偶像"。

那是个下着暴雨的夜晚，我独自在曼谷的威斯汀酒店闲来刷着社交媒体，随手发了个帖子感慨："下雨天在曼谷能干嘛？"为了方便拓展社交圈，我的社交账号向来是公开状态，几乎在帖子发出去的瞬间就收到了一个陌生人的评论："你也是从新加坡来曼谷的吗？很可惜，我现在在机场，正要离开曼谷。"

陌生人叫作Teng，我鬼使神差地点进了他的账号，看到一张长相普通的男子脸孔。反正无事可做，我开始翻看他的帖子，第一条是在素万那普国际机场的定位打卡，第二条是以酒店地毯为背景的行李箱特写照片，第三条……

直到网页见底了，我才恍然大悟自己花了几个小时看完他上百条帖子!

这个自 2003 年起游走于世界各地、打卡了无数国家和地区（甚至好些我连名字都没听过！如东欧的克里米亚、中亚的吉尔吉斯斯坦等）、见证过百种风土人情的 Teng，也太有趣了吧！

我不假思索，通过私信回复："你下一站去哪儿？"

他秒答："我去同时拥有亚洲和欧洲城市的国家，你猜猜是哪儿？"

"伊斯坦布尔！"这可难不倒我。

"看来你也是个资深旅者。"他的评价，让我会心一笑。

随即，他忽道："我们加个好友吧！"

我爽快回答："没问题！"

通过一次次对话，我得知 Teng 周游世界 9 年，全球 197 个国家，已经去过了 163 个；他老家在山东，父母在 20 世纪 80 年代来新加坡做生意，历经 10 年将一家小小的杂货店做成了能排上名次的外贸公司；但好景不长，父亲在他 13 岁时跳楼自杀，母亲随后也吞食安眠药殉情；由于祖父母不懂生意，父亲留下的产业都交给了叔叔继承，却没想几年后以公司破产收尾。

那一年，他才 16 岁。

所幸 Teng 语言天赋不错，除了中文，还精通英语、西班牙语和意大利语，拿着一张中学文凭也能在旅行社给外国人当翻译。他将学业以外的时间都用来打工，一天能打三四份散工，到了大学时早已月薪破万。少年时的经历让他意识到，想不被生活压垮，就要具备他人没有的技能。因此，他还自学了法语和德语，不到 20 岁就因通晓六国语，成为旅行界小有名气的"天才"，并得到了投资商的器重，开了自己的第一家高定旅行社。

Teng 的公司发展迅速，仅三年已在三十多个国家拥有分店，让 22 岁的他坐拥千万身家。那个时候，他还有个一路相伴的初恋女友，两人从中学时代共同成长，也算经历了无数风雨，尽管年纪不大，已是未婚夫妻。

Teng 原想，他事业爱情两得意，人生也算圆满，岂料一场车祸夺走了女友的生命，让他再度尝到孤立无助的滋味。那一场连环车祸，造成两死六伤，Teng 发现再多的钱也换不回心上人，于是第一次动了轻生的念头。

他讲述道："原来对这个世界绝望了，是真的会得忧郁症。"陷入深渊颓废了一周，Teng 在重新振作起来的那天，果断决定卖掉公司，从此不受现实拘束，只活在当下，做自己喜欢的事。他用卖掉公司的钱在全世界各大知名城市置下 18 套房产，并通过当地房屋出租公司，对空屋进行出租管理。

事成后，Teng 不再需要上班，每个月却拥有将近五万新币的收入。

听到这里，我不禁感叹："那是不是存够了钱，就可以像你一样满世界旅行？"

Teng 提醒说："这还不够，你得建立自己的被动收入系统，才能保障未来。"

那是我第一次，深刻理解"被动收入"的重要性，也对理财和人生规划有了全新的看法。

每当有人问我有没有偶像时，我绝对会无比崇拜地分享 Teng 的故事。

　　明明和他不是每天都联系，最频繁时也就一个月聊一两次，但我们的关系堪比最亲密的伴侣。他每到一个新地方都会主动给我发消息，分享所见所闻，而我在生活中遇到任何大小事，早已习惯性地与他倾诉感想和心情。尤其在好友 Teresa 自杀离世的那段时间，我彻夜难眠，精神恍惚，得亏有他耐心开导，才熬过了那个我原以为看不到尽头的夏天。

　　Teng 就像是我的人生导师，也是我的人生目标。他在这个浮华躁动、急功近利的时代，过着我梦寐以求的惬意生活。我和他之间，仿佛有一种"完美适配"的特殊连接，方方面面都十分默契又互补，以至于一度给了我恋爱的错觉。

　　就这么当了五年的网友，我们在 2016 年冬天，奇迹般地"面基"了。

　　虽然是碰巧都在洛杉矶，所以相约见面，但世界那么大，总是到处飞的两个人能同时身处一个城市，也是种莫大的缘分。

　　我二话不说，拉上随行的朋友就去与 Teng 见面，终于在好莱坞的一家咖啡厅里，看到了那个振奋人心的身影。

　　说他是我最熟悉的陌生人，一点也不为过。四目相对的瞬间，我既想热情招呼，又怕让初次见面的人感到唐突，因而欲言又止，内心一阵局促与挣扎，才发现自己竟如此激动！好在我不至于失态，总算安稳度过彼此介绍的尴尬，才敢真正打量他——至少一米八三的身高，瘦削刚毅的脸庞上，有一双上挑的剑眉、挺阔的鼻子和嘴角紧抿的厚唇。

他的双眼清亮却透露着难以掩盖的沧桑，可惜全程眼神不断闪躲，说话时也有些小心翼翼，让我没有仔细探究的机会。

但这样的细节，让我察觉到原来高大正义、果断且智慧的 Teng 也会紧张，反而安心了不少。

值得一提的，他还带上了表弟 Adam 一起见面。

Adam 是我俩聊天里经常出现的老熟人了，据 Teng 说，这个表弟患有癫痫症，并不受父母待见，他不忍一个好好的成年人总是被困在家中遭受冷眼，便带上他环游世界，增广见闻。

相比 Adam 一双目露警惕的吊眼，我忽然觉得 Teng 格外和善温柔，对待表弟尤其有耐心，在现实生活中比网络聊天时更显内向与低调，又何妨呢？

由于是临时相约，那一次见面匆匆结束，但 Teng 很快又通过私信告诉我，他赶着飞往纽约处理新房子，还顺带发了我一张他和 Adam 探巡裸房的合影。

因见过一面，照片轻易就勾起了我对他的生动记忆，也让我按捺不住总想起他上扬的嘴角。

那是一种确信与踏实，尽管只是从"网友"成了"见过面的朋友"，但亲密度却大大地提升了。

时隔一年，我深刻地记得那是在与对象分手的 10 月 4 日，正伤心欲绝、意志消沉的我，收到了 Teng 的一则短信——"I am back！"（我回来了！）

他回到新加坡了！

就在我告诉他我分手的当天，他回来了。

不知为何，我欣喜若狂，立刻相约了见面，准备大吐苦水。

Teng 一如既往，对我的依赖照单全收，而后细心宽慰，甚至主动提议要为我进行催眠治疗。

因曾失去挚爱而患上失眠症，Teng 确实学习过催眠，还给我看过相关证书。

我不禁好奇，到底有什么是他不会的吗？

强烈的精神紧绷与肢体疲劳，让我顾不上追问，只急不可耐地请他一定要为我治疗。

当天分别前，他还送了我一本亲自挑选的心理学相关书籍，说是让我多了解书中内容，多少也能转移注意力。

一本厚厚的书交到手里，我原本空荡荡的心，忽然沉淀下来。

我不得不再次折服于他的用心与眼界，并一遍遍告诫自己，要向 Teng 看齐，不能被眼前的感情挫折给绊倒！

到了说好进行催眠治疗的那天，我孤身前往 Teng 给予的新加坡住址。

那是位于西部的公寓，抵达登记处后还由表弟 Adam 前来迎接。他边领路边说："Teng 在开会，可能还要好一阵子，得麻烦你等一等。"

"没问题！"

我依旧爽快地回答。

进入 Teng 的公寓，果然看到一群人围坐在大厅，气氛有些严肃，听着他侃侃而谈。

我被领到一侧的小沙发，由于不好打扰对方工作，只能拿眼睛四处探索"偶像的家"。

典型的两室一厅公寓大小，大厅的墙上挂着世界地图、鹿头、马骨、油画……各种摆设风格不一，就像是从世界各地淘来的"文物"，杂乱但合理，特别具有旅人的风范。

但感觉怎么就那么不对劲呢？

或许是动物标本摆设自带的诡异，或许是开会的人员太过于拘谨，明明坐满了人的公司，给我的感觉只有四个字——阴森沉寂。

"是不是 Teng 太凶了，把这群小员工吓得都不敢出声？"我默默地想。

数一数开会的人，一共 9 个，有华人、马来人、印度人，男女比例基本均衡，但整体看来年纪不大，猜测平均不超过 25 岁。

他们似乎很胆小，从我进门至今头也不抬，开完会离开时更没向我打招呼，甚至连个眼神都没往我身上瞥。

因着急与 Teng 说话，我并不放在心上，越过人群只想着要提催眠一事。

"刚刚开会的内容，你听到了？觉得我们的经营模式如何？"

Teng 见我走来，抢先一步开口，我虽是一愣，但职场习惯使然，本能接了话茬，以金融高管的身份和思维，与他聊起了"生意经"。

这也不是我们第一次聊商业话题，但 Teng 的一再肯定，让我有种能力倍受认可的殊荣感。

他还道："Zoe，说真的，我们很需要你这种独立、有想法、爱旅行，又具备执行能力人才。公司两年后会上市，准备在各个国家拓展蓝图……"

简单来说，Teng 的公司旨在建立一个旅行专属的搜索网站，目标是成为"旅行界的谷歌"。该网站将涵盖全球每一个国家的信息，从基础的地方名称、地点、面积等地理数据，到细致的街区餐厅、酒店、娱乐设施，可谓应有尽有。

Teng 所需要的"人才"，是负责每一个国家的运营人员。身为运营，需将指定国家的现有资讯及未来发展等一切信息，都输入公司提供的网站板块里。据 Teng 说，由于对资讯的熟悉与掌握，每个运营将是全世界最了解该国家的人，在吸收新知识的同时，还能等公司上市后分得可观利润。

"你最喜欢哪个国家？"

Teng 话锋一转，我下意识脱口而出："西班牙！"

"刚好西班牙没人负责，就交给你吧！"

Teng 信誓旦旦，一掌拍在了我肩上，出于对他的信任，我毫不设防地回答："没问题！"

我当时想，能与偶像共事已是机会难得。哪怕 Teng 只是个普通朋友，我也会为了表示支持，而成为他公司的一分子。

令我意想不到的是，Teng 见我同意，就让表弟 Adam 去打印合同，要我当场签署。

他说："先把答应要给你的分成确定下来，是为了保护你的利益！"

"也是！"

因是为 Teng 做事，我很放心地交出了身份证供手续办理，才开始仔细阅读合同。

这一看，我立即捕捉到了一个关键信息——"系统服务费每月800 新币，若本人没有按时给公司上缴，公司有权要求立即付费，若双方有争议，所有律师费将由乙方（我）支付；系统服务费主要用来涵盖网站的维护和运营，待公司盈利后可获所负责国家带来的利益的 33.3% 分成。"

多年的金融行业职场经验告诉我，这是个不平等条约，甚至极有可能是个不平等合同。但我像个被赶上架的鸭子，只能秉持着契约精神，将答应他人的事进行到底。

我咬咬牙，硬着头皮说："除了'若双方有争议，所有律师费将由乙方（我）支付'的一段条约以外，我都能接受。"

"这个好办，但凡让你觉得不舒服的条约，咱们划掉！"

Teng 不仅这么说，还直接用笔将条约划掉，并提醒我在上面签名，以落实"该条约将不生效"的证明。

他的爽快，让我一时为自己的迟疑感到羞耻。

签就签了吧！

一个月 800 新币的服务费，一年也才不到 5 万元人民币，这 7 年的友谊可不只值这个价！

我脑子一热，动手签了，紧接着却是表弟 Adam 在合同签字。

"不是 Teng 你来签合同吗？"我很是意外。

"哦，我和 Adam 谁签都行，他也是公司股东！"Teng 轻描淡写。

我点点头，没多想，等收回身份证，也快到与朋友约好吃晚餐的时间，便匆忙离开。

前往餐厅的路上，我的第六感告诉我事情不对劲。

我越想越不安，忽然灵光一闪，才反应过来我究竟做了什么蠢事！

按照合同上的说法，我当运营人员输入该国家资讯，还要给公司上缴系统服务费，岂不是出钱又出力吗？等到公司盈利才能获得分成，那如果一直没有盈利呢？是否意味着我要每个月工作、每个月缴费？

我赶紧从包里掏出合同，一个字一个字地阅读，发现先前遗漏的重要信息——这竟是个永久有效合同，系统服务费每年将根据公司运营成本调整，且无须给予通知。

"完了……"

那个瞬间，我脑海里只剩下这两个字。

眼前的一切开始虚化，我连听觉都逐渐失去，只感觉到心脏剧烈抽搐，双手不断失控颤抖。

也不知道多了多久，当意识恢复的那一刻，我立即给 Teng 发了个消息，急切地表明自己的顾虑、反悔与歉意。

Teng 很快回复："没关系，其实你签合同时我已经察觉到了你的不安，收到你的反馈后，已经把你移除了。"

本该松一口气的我，又想到与我签署合同的人是表弟 Adam，不是 Teng。

那么，Teng 的同意是否作数？又或者，是否具备法律效力？

我无法放心，只能取消饭局，掉头回家彻查合同。这一查，发现谷歌上并没有该公司的任何信息，从政府网购买了其注册资料查看股东详情，也发现三个股东里，一个是缅甸人，一个是名下有无数家公司的挂名董事，一个是 Adam。

根本没有 Teng。

我慌了。

犹豫再三，还是在谷歌里打出了 Teng 的全名，认认真真地搜索，翻遍了所有网站，除他的个人脸书页面以外，什么信息都没有！

我内心大震——认识了 7 年的偶像 Teng，究竟是谁？

终于意识到自己可能上当了，因牵扯合同，我立即联系了律师朋友，请他帮忙处理情况。

抵达律师事务所，已经快晚上 10 点。

律师朋友快速翻阅完合同，劈头就说："这个合同有太多具争议性的条约，你知道你把自己给卖了吗？"他无法相信，在金融行业工作多年的我，居然会傻到签署这种合同。

这一刻，我快哭了。

律师朋友紧接着又说，Teng 口头说的把我"移除"了，一因并非公司负责人而不具备法律效力，二因内容太模棱两可而毫无指标性，根本无法将合同作废。

"也就是说，他可以继续拿着合同来向你要一辈子的钱。"律师朋友的话一针见血。

"那我该怎么做？"

因脑子一片空白，我将手机交给律师朋友，由他代替我与Teng 和 Adam 沟通。几个来回，Teng 和 Adam 仍顾左右而言他，不正面表明已将合同撕毁作废，连律师朋友都不得不感叹他们"太厉害"。

最后，律师朋友出动了正式的律师函，让我分别向 Teng 和 Adam 署名寄送电子版和实体版，表明在两人收到律师函的当下，已默认将合同视为作废。唯有如此，才能在他们不正面回复的情况下，让我在法律上彻底摆脱和该公司的一切关系。

发送消息时，已凌晨 12 点半。

Teng 依旧是秒回，这次却疾言厉色地批判我对他的不信任，责怪我疑心病重，还警告我不要将消息发送给表弟 Adam，否则引起他的癫痫发作，我得负起全部责任。

律师朋友随即提醒："无论他和你说什么，都不要理！这或许就是他用来制约所有反击人士的手法。"

乍然想起那群在 Teng 家中"开会"的年轻人，我忽地不寒而栗。

凌晨 2 点，Adam 发来消息说："Teng 让你把他借你的书还给他！"

我立即答应，但谨记着律师朋友说的绝对不要再见面，便果断安排快递寄送。

哪知，Adam 咄咄逼人，不依不饶地要我亲自送还书籍。

他甚至撂下"不还你就完蛋了""Teng 对你太失望了""Teng 今天就要去警局告你""你的人生完了"等狠话，一句句无不是戳着我早已溃堤的心防。

要知道，新加坡真的有条法律，规定被欠了东西的一方，有权控告他人侵占所有物。哪怕只是一本书。

凌晨 3 点，Teng 给我发了此生最后一个消息："书已收到，我觉得你也不想和我说话了，就这样吧！"

事件总算落幕，律师朋友让我把所有的聊天记录都截屏打印出来，还要将合同、律师函等文件都整理保存好。我想过要报警，但律师朋友说，光我一个人的案例不足以揭穿 Teng 的阴谋，并且自愿签署合同是我的过失，打官司胜算不大。

好不容易爬上床，精疲力尽的我却毫无睡意。

我不敢相信，自己曾经那么努力追逐和向往成为的人物，竟会利用一群年轻人的懵懂，来完成自己环游世界的美梦。Teng 曾说，划分给我的西班牙，是公司涉猎的第 63 个国家，我一旦加入，就拥有了来自全球各地的工作伙伴。

63 个国家，63 个为他打工还要给他钱的年轻人。算下来，一个人 800 新币，已超出他声称的月收入 5 万新币。

或许他根本没有到过世界各地旅行，脸书上的照片和经历都是假的，包括他的姓名、身世、故事，也全是假的。

可我真的在洛杉矶见到了他，又如何解释？

147

我愤怒过，但更多的是遗憾。遗憾我失去了一个灵魂挚友，遗憾我没能更加谨慎，遗憾这世上竟有如此丧尽天良的骗子，仍逍遥法外。

很多年后，我偶然了解到有个叫作"冷读术"（Cold reading）的心理学技巧。

石真语在《冷读术》中写道："冷读术的奥秘在于利用人类的心理弱点，唤起人们内心深处的记忆，看似猜中了心思，从而与对方建立起心境相连的亲密关系。"

我想，没有人不渴望被理解、被重视。相识初期，Teng善于主动分享很多自己的私生活，还会附上照片当证据，谈及私密的情感或家庭话题，更强调自己从没告诉过别人，但莫名地特别想与我倾诉。

他还用低成本的时间付出，引导我将更多的精力投入到与他聊天这件事上，让我产生了"被需要"的错觉。

不得不感叹"冷读术"比前阵子热议的PUA（Pick-up-Artist，精神控制）套路深得多！使用"冷读术"的人，为了得到你的好感，可以完全做到投其所好、自我检讨、附和、施惠等，并温和地诱你进入陷阱，令交流无比融洽，仿佛关系的递进是默契使然，水到渠成。

我傻吗？

或许有一点。

但谁会想到7年的友情，只是一场处心积虑的骗局？谁会去揣测一个网友的真实性，去怀疑一个朋友的字字句句，是否是在给自已挖坑？

再次回顾这件事，我唯一的遗憾，是当时选择不了了之。换作如今，我会将他在社交媒体上公开，让更多人获得警惕。现在，将经历写在这本书里，也是希望能起到警示作用，让看过这篇文章的你，学会凡事多留个心眼。

据我观察，近年来许多杀猪盘等钱财诈骗案的犯人，就是利用"冷读术"来与受害者快速建立亲密关系。"冷读术"完全不需要见面，一段段直击内心的文字，就能让人深陷其中，无法自拔。

你或许已落入网中，或许曾经遭受操控而不自知，无论如何，别再让骗子有机可趁。

15/ 写给 Teresa 的信

写下当年没来得及说出口的话，愿能将文字化成满满祝福，让今生今世的你多一丝平安、多一分勇气。

亲爱的 Teresa：

你知道吗？当我闲来刷着脸书（Facebook），看到你的账号发出一条你已离世的帖文时，我一度怀疑是有人刻意编造的愚人节玩笑。但帖文的署名是你哥哥，还附上了详细的葬礼时间与地点，让我至今想起仍不寒而栗。

怎么能开这种玩笑？我连忙打给我们的共同好友 Sky 核实。没想到他告诉我，这则消息是真的！你走了，就在前一天下午 3 点左右。

我当时都震惊了、傻掉了，完全没有反应过来！等我回神时，早已眼泪直流，不敢相信这是真的。

你的脸庞、你的笑容，仿佛还在眼前回荡。我翻看了我们的聊天记录，发现最后一条消息是半年前发的。那天，你也是在脸书上

150

发了一条动态，写道："这个世界真的已经没有什么能够留住我的东西了。"在我印象中，你一直以来都是那么的活泼开朗。那是我第一次，感觉到你如此消极。

那天，我们聊了很多，聊了很久。但远远不够多，也不够久。

你说感觉自己像是掉进了深坑，怎么努力都无法爬出来。你说你紧张不安，仿佛自己是一头困兽，只能原地打转，想做点事来突破困境，却束手无策。你还说，自己满身缺点，毫无价值，是个彻底的失败者。

你对这个世界绝望了，什么也不想要了。

天知道我有多诧异！在我眼里，你漂亮有才华，明明家世不错，可以躺赢，却比任何人都努力上进。你是我们朋友圈子里，许多人都很羡慕的那一个。那一刻，我才知道你的外表有多自信开朗，内心就有多孤单忧郁。

回想我们一起玩耍的过往，发现你有很多时候，会突然呼吸困难、耳鸣、头疼、反胃、晕眩。我以为是操劳过度，但看你日常依旧多姿多彩，便没多想什么。如今看来，那些都是身体发出的警讯。你听懂了却强行压抑，而我们并没听懂，才让你独自内耗。

还记得我们曾聊过抑郁症的话题，你说你很同情那些人，那样的心情就像是月球的阴暗面，冰冷无情——自己没有光亮，也无法被别人照耀。若非感同身受，怎会有如此深刻贴切的描述，我却只顾着惊叹你的心思有多细腻。

过了那么多年，我想很多朋友依旧想不明白，究竟是什么原因导致你会选择那样的离开。你家境好，从小成绩就名列前茅，还有钢琴八级证书，会唱歌会跳舞。你还有个疼你的同父异母的哥哥，以及爱你的男朋友。尽管父母的婚姻矛盾，让你长期遭受各种负面情绪打击，但你依然长成了一个坚强独立、优秀贴心的女孩。

那时候，你和我说，你很期待大学毕业，等参加工作实现经济独立后，你可以选择自己想要的生活。

你还说，你想远离原生家庭。那个时候，我还不明白你为什么那么想早些独立。

你的热情，你的善良，让我至今难忘。还记得第一次见面，是在锁舞班课程。第一堂课才跳了 10 分钟，我就发现自己右脚穿着的鞋，底板已经脱胶了，没法继续跳下去。老师见我停下，也跟着停了下来，导致大家的目光都聚集在我身上，让我略显尴尬。这时，你从后排穿过人群走向前，看上去个子娇小，皮肤白皙，十七八岁的脸上，挂着一丝稚气。然后，你问我鞋子穿什么码数。

见我没有反应，你又接着说："36 码的鞋你能穿吗？刚好我今天逛街有双新买的，先让你穿吧！"

雪中送炭的举动，让我感动不已。对你的第一印象是，这个女孩子真好。

那次之后，我们成了好朋友。比你年长 8 岁的我，已经在国际银行担任高管了。我从未想过，自己能和一个小姑娘如此无话不谈。我总感觉，你小小的躯体里，装着一个不符合年纪的灵魂。

还有一次，锁舞班的小分队找不到场地排练，你就把我们 9 个人都邀请到了家中。你说，家里有个练舞室，可以供大家练舞用。我原以为是公寓里可租用的练舞室，没想到你却将我们带到了一栋五层楼的别墅前，热情地招待着说："这就是我家！快进来吧！"

十多间客房，二十米长的泳池，锁舞班小分队里的所有人这才意识到，平时最没有架子的你，居然是个富家千金！尽管你笑着说自己并不是，但这房子也应该是我们大多数人去过的房子里最豪华的一家了。由于当天练舞练到凌晨，你不放心我们太晚独自回家，就留我们在家中过夜。第二天，我因为有一场跳舞比赛而早早起身，意外看见了你给客房的朋友们盖被子的画面。

当时，可是清晨5点半。我问你怎么起这么早，你笑着解释，家里是中央空调，怕朋友们不把被子盖好会着凉。

我也还记得，平时的你，身上总会随时有创可贴、止疼药等，以备他人的不时之需。朋友们也因此称你为"行走的百宝箱"。

你的好，历历在目。我从来都没有想过再次见面，会是以这种告别的形式。

2013年8月13日，我和锁舞小分队的朋友们第二次来到了你家。同样的庭院，同样的豪宅，没了你的招待和欢声笑语，显得如此凄凉。那天的人不多，稀稀疏疏地站着，我们扫视一圈，看见了你的父母站在角落。

他们穿着一身黑，伯母把头发盘了起来，脸色苍白，眼睛红肿，走来与我们简单打招呼，听得出声音是沙哑的；伯父则坐在一处，全程动也不动，只凝视着空气发呆。灵堂另一角，还有个看上去高高帅帅、二十出头的年轻男子在忙前忙后。我们猜想，这应该就是你哥哥。

来的路上，锁舞小分队的朋友们彼此约好说不许哭。你平时就

153

是大家的开心果，大家知道你一定不会希望看到我们伤心难过。但看到你遗体的那一刻，我根本无法控制自己的情绪。我没有哭出声音，只是任眼泪哗哗地往下流。

你穿着一身公主裙，扎着你日常最喜欢的发型，带着淡妆的脸庞恬静安详，仿佛只是睡着一般。我无法接受你已离开的事实。那一刻，我内心极度希望这一切都是梦，希望自己能赶快梦醒。

那天，离开了灵堂后，Sky 在回家的路上问我，知不知道你在这段时间发生了什么。我说，我知道你因为原生家庭的问题，偶尔会沮丧消极，但不太可能会以这种方式结束自己的生命。Sky 这才告诉我，你患上抑郁症有很长一段时间了，而压倒你的最后一根稻草，是被你称之为"灵魂伴侣"的男朋友。

他是你大学舞蹈社的社长，身高一米八左右，长相清秀，身材健硕，属于会让人眼前一亮的类型。你说你们知根知底，互相欣赏，还每天一起学习，一起参加社团活动，各方面都很合拍。因此，你们刚在一起没多久就把对方介绍给了所有朋友，感情好得让人羡慕。

因为工作忙碌的关系，我们有好一阵子没联系。我对你男朋友的最后印象，停留在你甜甜地笑着说，想与他一辈子一起走下去。我还记得，你说亲情上的缺失，让你再也不相信"感情"这回事。但遇到了他，你开始觉得自己很幸运。

没想到这份幸运并不长久，你很快发现他在恋爱期间，仍热衷于使用约会软件，认识其他异性。听 Sky 说，你一开始认为他只是打发时间，并不放在心上。直到某天用他的手机点外卖时，意外看到了陌生女性发来的露骨照片，才意识到情况并不单纯。

当时吓傻了的你，不敢去跟男朋友当面对质，你害怕失去他，只能故作冷静，装作什么事情也没有发生。后来，你才给 Sky 打了个电话，哭着说你对男朋友很失望，对这个世界也很失望。再后来，你就消失了，与我们锁舞小分队的朋友们都没了联系。

听说，你在那段时间来回进出了好几次医院，同时接受着控制精神障碍的 SSRIS 药物治疗及心理治疗。你的病情很反复无常，刚好一些，又开始复发。你还在医院的时候就自杀过好几回，跳楼、割腕、吃安眠药……这些伤害，一次次在你的身体和心灵烙下无法磨灭的疤痕。

你已对这个世界绝望了，觉得活下去没有任何意义，不如死了一了百了。

写到这里，我又哭了。

亲爱的，我没想到说好的有空再约，竟会再也等不到那一天。直到现在，很多时候想起你，我依然十分愧疚。我在想，如果我早点和你约饭聊天，会不会改变一点什么呢？或许什么也不能改变，但至少能让我有个尝试开导你、努力挽留你的机会。

Teresa，我还想说，这个世界的确没有那么美好。抬头不一定能仰望到星星，失眠难过的时候，更不一定有人能帮到你。世上能够与你感同身受的人太少了，你的悲伤不会有人能完完全全体会到，但你可以去寻找自己的初心，去寻找属于你的喜悦啊！那也许是一道漫长的旅途，让你提不起劲儿前行，但只要活着，总有出路，总有属于你的光。

虽然人间不仁，痛苦满怀，虽然活下去也不知有怎样的意义，也不知该做些什么，但请你勇敢活下去，自己创造意义，寻获希望。其实，吃一顿喜欢的大餐，听一首喜欢的歌，去一趟喜欢的城市，过一段喜欢的生活，都是人生的意义啊！

你那么好，你值得这世上所有最美好的事物。你没办法选择自己的出生，但你能选择自己的未来。你可以选择逃离你厌恶的人事物，去世界的另一个角落，重新开始。

这是我想见你一面、亲口对你说的话。还有下面这首俄罗斯诗人普希金写的诗《假如生活欺骗了你》，我想送给你。

假如生活欺骗了你，

不要悲伤，不要心急！

忧郁的日子里须要镇静：

相信吧，快乐的日子将会来临！

心儿永远向往着未来；

现在却常是忧郁。

一切都是瞬息，一切都将会过去；

而那过去了的，就会成为亲切的怀恋。

愿你在另一个世界，没有悲伤和痛苦，愿你还是我认识的那个健康快乐的丫头。

16/ 纯真的少年

　　和 150 多个孩子一起分着蛋糕吃的那天，是我这 25 年来过得最有意义的生日。在他们的认知里，所有情感都如此简单纯粹。只要你对我好，我就是拼了命，也要送上自己的"全世界"。

　　好朋友 KK 在 2013 年去了柬埔寨做生意，自安稳落脚后，就从没有停止过对我的抱怨，说我没去看过她。两年了，我终于能腾出时间去柬埔寨走走（也因为东南亚其他国家都去过了），就第一时间和她约好 10 月的空档，要我们两个天秤座一起过生日。

　　KK 兴奋坏了，早早订好酒店、餐厅和酒吧，就等着我到她的地盘上一起不醉不归。但好巧不巧，就在我准备飞往柬埔寨的前一天，因为连日降雨，导致柬埔寨多个省份出现严重洪灾，死伤惨重。看到 KK 给我发来的消息时，我正和同事吃着午餐，分享着 KK 给我安排的"柬埔寨庆生行程"。

　　点进 KK 发来的新闻链接，我虽然看不懂那一串串当地文字，却被配图里的景象惊呆了。大水淹没了房屋，当地人不是爬到房顶

157

上，就是抱着杆子，有的甚至是抓着漂浮物，个个一身狼狈，满脸无奈与无助。其中还有不少小孩。

再往下刷，看到有些被大水冲过的地方，留下一片狼藉，有居民在残瓦中抱头痛哭。我本来就是个共情力较强、容易多愁善感的人，最见不得这样的灾难新闻。猛然一下看到这些画面，我顿时食欲全无，鼻尖发酸。

我对洪灾还有个阴影，那便是儿时曾亲身经历过的那场"1998年江西九江大洪灾"。触景伤情，我努力平复情绪，却看到 KK 又发来了一条消息说："不然你还是别来了吧！"

这句话，像是触发了我的某条神经。我立即振作起来，回复说："不，我一定要去！"想了想，觉得不够，再补发一句："不过不去庆生了，我想去帮助那边的孩子，你替我安排一下，看看有什么是我能做的。出物资、当义工、去支教，什么都行！"

因为对我足够了解，KK 那边沉默了十来分钟，最终发来一个字："好。"

原本还要上半天班的我，临时请了假，飞奔回家重新收拾行李。想到洪灾后的地面不好行走，我放弃了拉杆式的行李箱，跟朋友借来背包客必备的"登山包"，塞满方便活动的 T 恤和运动长裤，又冲到超市买了些应急可能需要的"干粮"，就踏上了飞往金边的飞机。

KK 早早地到抵达机场接机，一见我出来，她连寒暄都省略了，直奔主题说："喂，你真的要去帮忙啊？这个情况不适合在外面吃喝玩乐，也可以在我家里玩啊！现在重灾区的路都封了，你就算是捐东西都未必送得到，更何况是亲自去？"

见我抓紧登山包的背带，气势汹汹地准备反驳，KK又立即安抚道："行了行了，知道你决定的事，十头牛都拉不回来！帮你联系了一个志愿者团队，这边的乡村学校本来就缺老师，更缺外语老师。一听你从新加坡来的，会说英语，就立马答应了。"

KK认命地掏出手机，一边给我发信息，一边说："真的是上辈子欠了你的……资料发给你了，自己看。不过我先说好啊，今晚无论如何要在我家过夜，明天一早我再送你去他们的集合营。"

她这一连串的举动和台词，像是已经提前演练无数次一样顺畅流利。看着好友熟悉的言行，我既庆幸她一点也没变，又愧疚于难得见面却无法长聚，只能感动地抱了一下她。

既然这次见面的时间不多，我也不纠结于参加志愿团、去当支教的事，决定先和她好好叙旧。KK和往常一样，热情又爱说笑，我逐渐被她的笑声感染，心情也缓和了不少。但吃过了晚饭，我就开始心不在焉，有些恨不得要早早地研究她给我发的志愿团资料，想一想我还能做些什么。

KK不愧是我的好姐妹，正当我绞尽脑汁地想找借口开溜时，她双手抱胸，靠着椅背，用一副看穿我的目光，"宽宏大量"地说："去吧去吧！知道你惦记着去支教的事，我就大人有大量地放你回房间。那边有点远，明天要很早起来，别太晚睡。"

她的反应，其实在我的预料之中。我配合着感谢她的"大恩大德"，就见她从厨房搬出了两个大箱子，说是要给乡村学校的一些物资。另外，她还抽出了一本不算太厚的书，并解释道："昨天问邻居有没有，她说是儿子小时候用的。你凑合吧！"

我立即接过，只见那本粉红色的书，封面就写着"English"。书页都泛黄了，边缘也有明显破损的痕迹，不难想象它是经历过几代人，又或是压箱底了多久。进房后，我从 KK 给我的资料里，看到了要教的班级、学生人数、上课时间等基本资料。

光是这些，已足够燃起我的斗志。我连夜挑灯，拟了一份教学大纲，思考了几个教学方案，才心满意足地睡去。第二天，KK 把我送到了志愿者的集合营，千叮咛万嘱咐后，才终于离开。

乡村学校在暹粒市，据说是吴哥窟附近。负责来接我的，是一位当地的男老师，看上去就是典型的书生样，态度礼貌斯文，但或许因为还不熟悉，有些沉默疏离。不过这样也好，车子一路开往目的地时，我只管闭目补眠或看看风景。

这风景也有些神奇，两侧原本是一大片一大片的草原，中间的车道也平坦笔直，让我有种仿佛来到了热带原野冒险的错觉。但就在我不知不觉地睡着后，突然被一阵颠簸惊醒，往车窗外一看，竟是开到了黄土路上，惹得尘沙飞扬。

幸好没有颠簸得特别久，约莫 10 分钟，又是一条原野大道。就这样反反复复几次，整整 5 小时车程，才终于抵达了目的地。在进入乡村前，车子还开过一个小镇，只见路边停满了当地的"嘟嘟车"（Tuk-tuk）与小摩托，好些车主就蹲在路边或窝在车里，手里拿着写有"Angkor Wat"（吴哥窟）字样的牌子。

我立即意识到，这里应该离吴哥窟不远。或许是名胜古迹的存在，让我对这连着小镇的乡村学校，多了几分敬畏感与使命感。哪怕眼前这所学校连个招牌也没有，我都毫不惊慌，只想赶紧上岗。

　　下车后，男老师把我引荐给了支教负责人Poleak，便去忙自己的事情了。Poleak是个看上去至少40岁、高大开朗的大叔。他带着我大致逛了一圈校园，还与我交代了接下来一周的教学内容，感觉还是十分正经靠谱的。正事结束后，他原本想带我到附近的教师宿舍休息，我却问道："附近有小卖部吗？我想知道孩子们有没有什么特别需要的物品，我可以明天买一些带过来。"

　　Poleak想了想，回答道："学校里的孩子，大多是牙齿健康比较有问题。他们很多连牙刷牙膏都没有，也从来不刷牙，就经常容易有蛀牙。"我连忙说好，心想牙膏牙刷应该不难买到，便继续问："那学校附近有蛋糕店吗？"

　　"蛋糕店？"Poleak重复了两遍，确定自己没听错，我也没说错，才坦白地告诉我，别说是学校附近了，就连整个小镇都未必有一个蛋糕店。"其实明天就是我的生日，我想买蛋糕，和孩子们一起过。"

　　听我这么说，Poleak恍然大悟，思考了一会儿才回答："这样吧，你明天下午1点才开始上课，早上我带你到附近大一点的城市去找蛋糕店。"我连忙道谢。

　　尽管奔波了一天，也没有睡得特别好，第二天的我还是清晨6点左右就醒了，且兴致高昂，精力充沛。教师宿舍离学校不远，我快速地洗漱打理，就在约定好的 8 点抵达学校操场和 Poleak 见面。

昨天边参观边听 Poleak 讲解，没感觉学校特别小。但这个清晨独自重访，我仿佛能一步一步地用脚丈量出它到底有宽、有多大。这里说是学校，其实也就一左一右各三间小教室，中间一个大操场，还安有一个连网都没有的篮球筐。

我正走神，忽然被叫住了名字，才惊觉是 Poleak 来了。见我还能中气十足地打招呼，Poleak 立刻笑眯眯地说："我开车来的，我们走吧！先带你去尝尝当地的早餐，再去买蛋糕！"正当我感叹着，这里的老师和管事怎么都买得起车时，Poleak 把我领到了一辆嘟嘟车前，还豪气地说："怎么样，我的嘟嘟车是不是很酷？"

一辆三轮嘟嘟车，铁皮被漆上了鲜艳的橘和红，就连轮框都是橘色的，显然是车主花过心思去打造。这样的车，确实比我见过的任何四轮都要有特色，我由衷地点头认可，还朝 Poleak 比了个"赞"的手势，惹来他哈哈大笑。

坐上嘟嘟车，我才感受到那天清晨的微风，有多么凉爽温柔，两侧郁郁葱葱的充满生机的绿植，也那么触手可及，仿佛我来到了丛林，准备进行大冒险。原来，这就是嘟嘟车的魅力？我开始有点明白了，当地人为何这么喜爱它。

约莫 20 分钟，我们来到了一条商店小街。那里一排排的房屋，都有着上下两层，虽然中间也是泥泞小路，但已经比学校附近看上去繁华热闹得多了。我和 Poleak 简单地吃了当地特色早餐，就踏上了寻找蛋糕之旅，前前后后跑了三四家都无果，让我渐渐失落。

在第四家店里，我终于看到"蛋糕"，不过却是杯子蛋糕。杯子蛋糕怎么看，都没有切一块完整的大蛋糕来得有生日气息，我犹豫了许久，还是摇了摇头，决定离开。这时，店员小哥拉住了Poleak，两人沟通了一番后，Poleak惊喜地对我说："他说他朋友能做大蛋糕，我们打电话预订就行！"

我仿佛握住了救命稻草，立刻欣喜若狂地点头，还不停地对拨打着电话的店员小哥说"Thank you"。最后，由于材料、时间和人力有限，对方说明只能完成两个14寸的蛋糕。当下的我其实已经想象不出，两个14寸的蛋糕是多大或多小了，但凡是个完整奶油大蛋糕，够分给学校里的150位孩子就行。

考虑到孩子们可能会对鸡蛋过敏，我还特意交代了对方做一个"无蛋蛋糕"，然后千叮咛万嘱咐，一定要傍晚6点之前送到学校。接下来，Poleak又带了我到小卖部购买物品。心情大好的我，正满怀热血，一看到牙刷和牙膏，就把所有的现货一扫而空。另外，我还买了铅笔、橡皮、练习本等文具，便开开心心地满载而归。

我们还回了一趟教师宿舍，将KK准备好的物品也一起搬来，等走进教室时，二十多个小孩都已坐得整整齐齐。令我惊讶的是，这里的孩子有的明显看着个头特别小，有的都快赶上我的身高，我连忙问了下Poleak，才知道他们是"混班制"，一个班里从6岁到10岁的孩子都有，没有按照具体年龄和水平区分。

教室里，孩子们安安静静的，无论大小都眨着明亮的眼眸，好奇地打量着我。我同时也在观察他们，不同的是目光没有那么"明目张胆"，甚至因为被那么热情地盯着，有些害羞起来。我还注意到，他们的桌椅都有明显破损的痕迹，不仅使用起来不舒服、不方便，我更担心孩子们一个不注意，会蹭到破皮流血。

没来由的心疼，让我还未与这群孩子建立起关系，就想要尽最大的努力，去关怀和教导他们了。我和 Poleak 站在讲台上，听他用当地语言说了一串介绍，然后孩子们开始热烈地鼓掌，让我除了不断地鞠躬说"Hi""Hello"，就不知道能做些什么才好了。还好 Poleak 很快让我拿出物品，并招呼着孩子们排成一排，逐个领东西。

一群大小孩子忽然蹦了起来，闹哄哄地排起队。看他们脸上挂着大大的笑容，一边排队一边探头探脑地向前面凑，我也备受感染，兴奋起来。尽管还是没听懂当地语的"谢谢"是怎么说的，但他们从我手里接过"礼物"时，都会点头鞠躬，乖巧的模样可以说是把我的心都给"萌化"了。

分完物品，孩子们明显有些激动，幸亏 Poleak 临走前还是强调了下纪律，等他们平静了下来，才把课堂交给我。我拿起粉笔，有些怀念这个将近 20 年没见过的东西，而后熟练地在黑板上画图写字，教起英语单词。

由于孩子们的年龄跨度有些大，我也不清楚他们的英语水平，只好抛弃了 KK 给我找来的课本，直接就地取材，看到什么，教什么。有现实中的具体参照物，相信对孩子来说更好理解，也更加实用。当然，这也是因为我画画的能力有限，万一孩子们实在看不出来画的是什么，我还能把它指出来，是不是特别机智呢？

"Table…Chair…Flower…Pencil…Toothbrush…"

我一个个画，一个个念，孩子们一个个跟着读，所有人都很顺利地进入了该有的状态中。第一天，我就给三个班级各教了一堂课，一口气讲了快4小时的话。教的时候没感觉，等到终于放学了，才发现自己一口水都没喝过，有些口干舌燥。

我正猛灌水时，Poleak来到教师办公室找我，说是蛋糕送来了。我喜出望外，跟着他走了出去，还未到操场，就已经听到孩子们叽里呱啦的说话声。原来，是操场摆了两张大桌子，上面还各有一块完整的大蛋糕，并没有见过这种场面，更不知道什么是"蛋糕"的孩子们，都觉得新奇不已。

为了我这个外人的生日，全校150多个师生齐聚操场，唱起了生日快乐歌。那是Poleak带头开始唱的英语版，孩子们虽然不会，但一听是熟悉的旋律和调子，便用当地语言开始附和。随着孩子们的声音越来越响亮，我内心越发地震动。那一刻，眼泪不自觉地蓄满眼眶，我在心中不禁感慨，没想到这辈子最大的生日派对，是一群仅相识不到一天的陌生人陪我度过的。

他们还格外兴奋地拍着手，唱着歌，比我这个寿星还要尽兴。后来，我在众人殷切的目光中吹了蜡烛，听到如雷般的掌声和欢呼声，眼泪终究还是落了下来。我借着撩头发的举动，悄悄抹掉了泪痕，再度抬头时，用了最灿烂的笑容，回报他们的祝福。

接下来，大家一起分蛋糕、吃蛋糕。哪怕没有座椅，大家都是分散开来站着吃，哪怕因为蛋糕不够大，每个人只分到了一小块，孩子们都异常开心。当我把蛋糕递到他们手里时，有的急忙害羞低头，有的对着我傻笑，有的用尽毕生之力大声说"Thank you"，但无论什么方式，都让我觉得心中暖乎乎的。

那一晚，我将原本只请了三天的年假，延长至一周。我想，工作可以调整，年假可以再攒，但错过这次机会，不知道什么时候还能再见到这群孩子。短短一周，我过着教书、吃饭、睡觉，极度有规律而简单的三点一线生活。这一周过得也比我想象中的快许多，转眼就来到了最后一天，需要说再见的时候。

Poleak 替我向孩子们转达了离开的话语，可他还没说完，就有两个小女孩冲上来抱住了我，带着哭腔说起一些当地话。孩子们的情绪相互传染得快，又有好几个也涌了过来，有的拉着我的手，有的扯着我的衣角。

我大致能猜到，他们是不舍得我离开，有些感伤了。作为在职场打滚多年的成年人，我几乎要忘了，离别是一件多么容易触发情感的事。在我看来，它是无奈，更是一种常态。那一刻，我的心再度被他们的温暖打动，那些因城市生活建筑起的心墙，竟一瞬间被瓦解了。

因是下课时间，我被一群孩子推拉着离开了教室，Poleak 也笑笑地没有阻拦。他们将我拉到了操场上，估计其他班级的孩子听到了动静和风声，也都赶来加入"送别仪式"。我被孩子们扯得不由得弯下腰，有的便踮起脚尖狂亲我的脸，还有的不知道从哪里找来了黄色的小花，伸手给我插在了耳边。

有的孩子在哇哇大哭，有的"teacher""teacher"地喊，试图吸引我的注意，还有的不知道用当地语在说些什么。我一度哭笑不得，只能尽力地一个个回应、一个个安抚。最后，还是 Poleak 出面控场，才让孩子们平静下来。尽管如此，我还是在操场上与那些想和我道别的孩子们，一一说话和拥抱，直到夕阳西下，天色将黑时，才把他们全都送走了。

回到办公室时，我才有工夫将零零散散的小礼物都放下，一个个仔细地看。有路边常见的小花，五颜六色，小巧缤纷；有扎头发用的小皮筋，上面还有可爱的蝴蝶结缀饰；有被我夸赞过好看的发箍；还有一个名叫 Leei 的小女孩塞到我手里的纸团。

她是我心目中的"班宠"，大眼圆脸，特别可爱，上课时也乖巧认真，叫老师怎能不偏爱？但她性格内向，每当我想多和她说两句话时，她不是立刻跑开，就是把头低得恨不得埋到土里去的模样。

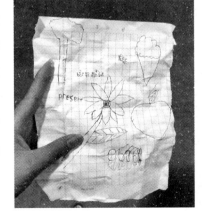

我打开纸团，平铺开来，发现她在纸上画了一朵花、一只苹果和一个冰激凌。正是我在课堂上都教过的单词。她还写了一个歪歪扭扭的"present"，和一串当地文字。问了身旁一个年轻女老师，她翻译着道："Flower for you, love you."（送你一朵花，爱你。）

167

那一刻，我福至心灵，发现人与人之间的情感，是不需要语言也能互通的。坦白说，没抵达之前，我一直很担心自己因为语言不通，没办法教给他们什么，没办法与他们走得更近。然而，无论这一周教给他们的东西，他们能够记得多久，又是否真的能帮助到他们，我都确信我们在彼此的成长道路上，留下了一段具有意义的时光。

这样纯朴、善良、知足的孩子们，再过几年，肯定也会成长为纯真的少年。至少，我是那么诚心希望的，也但愿他们日后走出乡村，能永远保持这样的赤子之心。

17/ 9.85 公里的路

一个人可以走得很快，但一群人才能走得更远。做慈善也一样，唯有借助更多的力量，才能去帮助更多有需要的人。希望你通过这篇文字，一同感受我走过的那 9.85 公里的路，并找到你心中的彼岸。

2014 年的某一天，我和来自马来西亚的拿督 Elaine，在一家日本餐厅吃饭叙旧。我和她是忘年交，即便年龄相差 15 岁，也总能因为相似的人生经历，对彼此感同身受。我正与她分享，自己前几个月孤身一人去柬埔寨支教的经过，Elaine 一边听我讲述，一边积极提问。

等我终于把故事说完，才发现 Elaine 异常兴奋。不等我询问，她先开口说道："Zoe，我希望你能加入我们的慈善协会！我们组织需要像你这样年轻有想法、肯付出实际行动的人！"因为提出这话的，是我的人生导师兼亲如姐妹的 Elaine，我便毫不犹豫地点头答应了。

原本以为加入慈善协会，只需要填写表格，递交文件即可。没想到，光是申请的程序就特别繁琐，不仅需要推荐人写的信，还得至少参加两次组织会议，在与其他成员接触后，由董事会商议是否允许入会。

　　第一次参加慈善协会的晚餐会议，我自认为穿着平时上班的白领套装已经非常正式了。没想到抵达会议厅，男士都是西装革履，女士都穿着华丽礼服，一度让我以为自己走错了地方。直到看到同样打扮精致的 Elaine 向我招手，我才敢走入厅内。接着低头喝水的时间，我装作泰然自若地悄悄观察了下四周，发现成员大多都是头发有些花白了的长者，让我越发觉得自己像个"小屁孩"。

　　这个经历倒挺新鲜，毕竟自从进入职场，晋升为主管后，已经鲜少有我差点把控不住的场面了。庆幸会议开始后，大家只专注地听协会会长发表演讲，没怎么关注我这个新来的。我边听着演讲，边翻看会议分发下来的流程表与资料。

　　会长说起在场的人所加入的扶轮社（Rotary Club），是世界上历史最悠久的慈善协会。它于 1905 年在美国芝加哥成立，后来发展至全球各地。为了保持协会的高度统一，所有分部都必须依循国际扶轮的规章，来成立地区性社会团体。

　　扶轮社的宗旨，是增进职业交流，提供社会服务。随着协会的发展与时代的演变，它还多了促进国际联谊，提升不同国家之间的了解、亲善与和平的意义。为了严格坚守扶轮社的规章，会长强调所有成员均有出席例行会议的义务，如果一年内的出席率低于百分之五十，就有可能被取消成员资格。

扶轮社成员的使命，还包括提供职业性服务、社会性服务和国际性服务。我早前就听过 Elaine 的分享，觉得协会组织的慈善项目特别有趣，也很有意义。这次听了会长的演讲，对协会有了更完整和全面的认知。我想做义工，我渴望为慈善出一份力，但往往只能单打独斗，力量微薄。加入慈善协会，就能主动地组织更庞大的项目，调动更多的资源，帮助更多的人。

这样的念头，让我忽然热血沸腾。当晚，我一再地感谢 Elaine 的引荐，之后也勤勤恳恳地出席了第二次和第三次会议，最终获得董事会认可，正式加入了新加坡扶轮社，成为它有史以来年纪最小的会员。

接下来的几个月，我保持着满分出勤率。每一回听着前辈们分享他们做了哪些项目、有什么成就等，都让我与有荣焉，跃跃欲试。就在我加入协会的第八个月，属于我的任务降临了。

那一晚，会长说起协会准备执行一项救助柬埔寨的国际项目。听到熟悉的国家，同时又感受到会长向我投来的目光，我立即正襟危坐，听他缓缓问道："Zoe，听 Elaine 说你之前去柬埔寨做过义工？要不这个项目就交给你来负责？"

我几乎是毫不犹豫地欣然回答："好，没问题！"晚饭后回到家，我就开始查找资料，研究有什么最适合在柬埔寨进行的慈善项目。我想给予当地人的，可不是蜻蜓点水、昙花一现的助力。我希望，那些人能因为我们的到来，因为这个项目的落成，获得长久的利益。

但光靠想象，是不能构思出"接地气"的计划的。我给移居柬埔寨的好友 KK 打了电话，通过她一个外来者的眼光，听到了当地人真实的民生景象，还给之前认识的支教负责人 Poleak 发了信息，了解一些乡村学校和偏远地区的教学难题。后来，Poleak 也给我介绍了几个当地慈善机构的负责人，经过来来回回几百封电邮和无数个电话，我们的计划终于敲定了——为菩萨省（Pursat）的山区学校提供自行车。

菩萨省，是柬埔寨最贫穷的省之一。尽管如此，当地政府还是十分鼓励将教育普及化的，于是在偏远山区也建了几所公益学校，期待着能用教育改变当地孩子们的人生。但哪怕上学免费，甚至还提供免费午餐，家长们还是都因为住得太远，而不愿意让孩子前去学校。山路崎岖，没有车可以通行，而几乎所有家长都忙着耕田劳作，想上学的孩子们就只能徒步到学校，一走就要走将近 10 公里，如何能让人放心？

此外，养大了的孩子对农村家长来说，是劳动力。即使孩子未来能有前途、能带着全家改变生活，都不比现在多干一点活儿、给家中减少负担来得实际。既然孩子缺少了上学的交通工具，那么若能捐赠自行车给他们，是不是就能解决关键性问题了呢？

菩萨省一所山区学校的校长在电邮中就回复说："如果你们真的能给这些孩子捐自行车，那就真的是解决了我们一直以来最大的困扰！请您一定要落实这项计划，有任何我能帮上忙的地方，尽管开口。"

这封电邮给了我们所有人满满的动力，于是大家说干就干，分头去研究一共需要多少自行车、怎么购买自行车、价位多少才合适、如何确保质量、如何运送到当地等问题。我更在乎的，还有如何保证项目的可持续性。万一自行车坏了怎么办？如果少了零件怎么办？是不是要在当地找几个懂修车的，建立固定修车站，还是需要先带几个修车行的人过去传授技术？

经过五个月的努力，我们终于确定了在柬埔寨当地购买质量较好的二手自行车，并在经过翻新和维修处理后，将这些自行车捐赠给菩萨省的山区学校。此外，我们也在不同学校里选了几名老师，把他们送到小镇的自行车行里进行简单的修车培训。这些技能，等他们回到山区还能够教给其他人，成立自己的修车站。

我就这样每天忙着以邮件进行跨国沟通，还要处理赞助事宜，也在微博上发表了有关该慈善项目的介绍。出乎意料的是，我的微博帖文得到了好几位大 V 朋友的转发，收到了上百封说要为慈善出一份力的私信。那是我第一次感受到社交媒体的号召力。

2016 年 1 月，我当选为社团的国际项目负责人，赴柬埔寨去落实自行车捐献计划。出发前，当地政府官员还特意叮嘱我说山路不好走，让我们一定要注意安全。我对柬埔寨的山路有一定了解，也自认为做好了心理准备，但从金边开车到菩萨省，大约 170 公里的路，除了前三个小时是普通公路，其余的不是黄土路就是泥巴路。

由于泥路不好走，我们的团队 13 人一起出发，乘坐的大巴士简直是以每小时 20 至 40 公里的龟速在行驶。又过了两小时，眼看快要抵达山顶了，天空却下起绵绵细雨。看着窗外稀稀落落的大树，枝叶都在不停摇摆，齐腰高度的茂密野草也在剧烈颤动，我即便安然无恙地坐在车上，也仿佛听到了令人毛骨悚然的"沙沙"声。

"千万不要下雨啊……"我在默默地祈祷，心想这种泥路可最怕遇上大雨了。没想到才过了十来分钟，豆子般大小的雨水便咯吱咯吱地打在了我们的大巴上。我们的司机再有经验，也还是没能逃过把车子开到泥坑里的命运。一辆大巴，就这样在大山里动弹不得。

所幸车里的男士们都十分仗义，在司机的召唤下配合地套上一次性雨衣，就帮忙冒雨推车去了。事在人为，人定胜天，大家没有半点迟疑与埋怨，齐心协力，总算用了不到 10 分钟，就把大巴推出了泥坑。

等我们抵达目的地，距离上车时都已经过了整整 6 个半小时。为了方便临近山区学校分发自行车，我们住在附近的小镇上，住宿条件自然无法与大城市的相比。虽然大家并没有说什么，但脸上都有着说不出的疲惫，便默契地早早解散，各自休息。

第二天，我们清晨 5 点多就起床出发，准备前往自行车捐献计划的交接典礼场地。那里就如事前说好的一样，有一片很大的空地，能让我们将送来的自行车一辆辆摆好。身为主办方，我带着团队负责检查每一辆车上是否都挂好了捐赠者名字，再一一核对信息，等完成得差不多后，已经是早上 9 点多了。

我在成员的催促下，赶紧把剩下的核对工作交给旁人，再匆匆

174

赶往迎宾会场。抵达现场后，我发现四面八方的台阶上，都坐满了孩子。他们穿着统一的校服，都是白色衬衫搭配深蓝色下装，正襟危坐的模样，乖巧讨喜，又有些逗趣。

但更令我惊讶的是，贵宾席上已坐了十多个人，有的穿着军装，有的穿着警服，还有的一身西装革履。由于这次的计划会给菩萨省 18 所学校捐献自行车，我确实知道当地政府特别重视，会派官员来亲临典礼，却没想到排场如此浩大。

我是个闲不住的人，参与完交接仪式，就赶忙投入指挥"交通"，帮助孩子们更井然有序地排好队、去领自行车。这里的大部分孩子都没骑过自行车，有的领完自行车就跃跃欲试，几次差点摔跤，有的则像天赋型选手，一上车就能骑行自如。我还在帮忙指导、帮忙扶小孩，正忙得团团转时，有个约莫小学低年级模样的女孩，突然拉了拉我的衣角。

我本以为是衣服不小心挂到了她的车子上，笑了笑就准备继续去忙。没想到，她见我要走，竟捏紧了我的衣角，让我不得不停下脚步。我低头看她，有些疑惑，还以为她是需要帮助。但女孩眨巴着眼，伸手点点了自行车上的牌子，又指指我的头顶，不像是需要帮忙，而是想表达些什么。

我定眼一看，发现她的自行车上的捐赠者，居然就是我。牌子上写的名字，与我帽子上贴的如出一辙，难怪她会指着我的头顶！看样子，这是个机灵的小丫头，认出了给自己捐献自行车的那个人。由于活动开始得早，等人群散去，只剩下疏疏落落几个不舍得离开的小孩和家长时，也才刚过了晌午。而我发现，小丫头居然还在等着我！

我找来当地懂英文的志愿者为我翻译，与小丫头交流几句，才知道她想请我到她家去玩。正事忙完了，去看看当地村民的真实生活，也没什么不好。我和同伴们交代了一声，就与志愿者一起，在小丫头的带领下前往去她家的路。

尽管还不会骑自行车，只能自己推车走，但小丫头很是开心，时不时蹦蹦跳跳，偶尔走得快了，赶在前面，还要回头确认我们在不在。我们提议轮流帮她推车，她也不肯，满心欢喜地握着自行车手把，不愿意放开。

然而，没走多久，地面上的路就变得坑坑洼洼。一路上也没什么树荫，眼前除了高低不平、一望无尽的山路，什么也没有。

我看了看手表，竟是正午 12 点多，太阳最烈最猛的时候。我早已大汗淋漓，又热又渴，而脸上同样挂着汗珠的小丫头，却还能手舞足蹈，令我暗自佩服。不过都已经在路上了，我也不想半途而废。我灵机一动，将小丫头逮到身边，一边通过志愿者的翻译与她说话，一边拉着她慢慢地走。

我才知道，她的名字叫 Kawl，父母都是当地的农民。她家里有 6 个兄弟姐妹，她排行老三，却是家中唯一一个愿意天天走山路也要上学的孩子。将注意力放在她的故事上，仿佛真能缓解一些烦躁与不适。终于在步行了两个多小时后，我开始看到房屋的身影，Kawl 也在兴奋地指着前方说："My home！"（我的家！）

天啊，光是单程路就要将近 3 个小时，那么这些孩子每天来回地走，岂不是上个学就要在路上花五六个小时？！这么感同身受后，我忽然庆幸，我们启动了这次的自行车捐赠计划。进村后，Kawl 直接把我领到家中，兴奋地向母亲炫耀了一番自行车，还偶尔指了指我，估计是在说我就是给她捐自行车的人。

看 Kawl 的母亲神色怪异，虽然没把我赶走，没责骂小孩，但也不是特别乐意的模样，我心里大概有了些底，只能在她看向我时，礼貌一笑。或许因为有当地志愿者在场，大概讲述了我这次来柬埔寨的目的和计划受到政府大力支持的事情，Kawl 的母亲还是把我邀请入家中，用饭碗给我装了一杯满满的水。

看我一口气把水喝光，Kawl 又拉着我在房子四周转转。见我触摸着墙面，志愿者适时解释说，房子是用泥巴搭建的。这里的房

顶则是瓦片铺成的，但有的漏了个大缝隙，眼下有一缕阳光洒进来，虽然看着唯美，可一旦下雨就不好说了。屋子不是很大，不一会儿就看完了，Kawl便将我带到屋外，看看平时收割的农作物如何处理、妈妈做好准备拿去卖的手工等。

我的目光却不由得被小飞虫吸引，落在了地面正晒着"米饼"的簸箕上。看上头的纹路及颜色，我猜那是煮熟的米压制成的，因此姑且称之为"米饼"。后来询问志愿者，他确认了我的猜想，还说当地人为了节省开支和粮食，都会将家里和别人吃剩的米饭搜集起来，压成饼状后晒干保存。

引发我生理不适的，不是将剩饭重新加工，而是加工过程中，有各种飞虫蚂蚁的参与。我这才深刻地意识到，这个世界有很多的人，还在为了能够维持基本的生存条件而努力着。Kawl落在我身上那充满崇拜的目光，对我而言忽然有着千斤重！

前一秒，我还在因为自己给孩子们捐献了自行车而沾沾自喜。下一秒，现实却让我看到，我的付出只能起到微乎其微的作用。俗话说得好，"授人以鱼，不如授人以渔"。我和扶轮社的伙伴们后来还在当地推出了"缝纫机"项目，通过教导当地妇女使用缝纫机制作简单工艺品，再负责帮忙联系售卖渠道，让她们实现生产变现的闭环。

但要想从根本上改善当地人的生活状况，还有太多太多的事要做。这些不仅需要靠当地政府积极推进，当地人们的努力奋进，还需要有外在的资源施予援助。毕竟，慈善是一门艺术，给予是一种智慧。在恰当的范围里，能提供给受益者制造长期价值的帮助，才会更加有意义。

不过撇开慈善，撇开大规模的捐赠计划，我想"善"本身没有任何定义，更不应该被设限。很多人会说，等自己更有钱了再捐钱，等自己生活改善了再去行善，其实不必等到那时候。"善"本身无处不在，无关大小，哪怕是日常生活中帮助年长者拎重物、顺手给赶时间的人多摁一会儿电梯，都是行善的举动。

若非陪着 Kawl 走过那 9.85 公里回家的路，我想我也不会发现，自己现在拥有这一切，已是无比幸运。因为那次经历，我学会了在面对生活压力和挫折时，想想自己拥有的一切，通过惜福找回心中的平衡。

生活的彼岸，不在于你是否拥有世俗意义上所谓的"成功"，而在于你是否能感知善行与惜福的意义。若你已有明确的方向，就让我们一起并肩前行吧！

18/ 疫情这两三年

2019 年末，一场新冠肺炎疫情打乱了世界的节奏，打乱了你我的生活。随笔记下疫情这两三年的心情与感悟，愿山河无恙，人间皆安。

想必你跟我一样，一直以来的生活节奏，无非就是"快点""再快点"。读书的时候，我们期盼着快点毕业，工作之后，又期盼着快点升职。过了而立之年，则希望事业能发展得更快一些，希望自己能强大得更快一些。

然而疫情这两三年，让我不得不慢下来。原本每两个月就要出一次差的我，被迫放下了许多海外业务机会。原本每个月都要到邻国短暂旅游的状态，也被迫中断了。在新冠肺炎疫情刚暴发那会儿，我和周围的人还抱着侥幸心理，认为它会和非典型肺炎（SARS）一样，最多几个月也就过去。

没想到，一晃眼两三年了，新冠几经变异，仍在身边。

最开始，隔离在家的时间似乎格外漫长。

疫情前，早上9点的我往往已化好精致的妆容，身穿通勤正装，脚踩高跟鞋，都快抵达位于市中心的办公大楼了。但疫情后，同个时间点的我却是上身穿着白领衬衫，下身搭配睡裤，素面朝天地在书桌前开着视频会议。下午3点，我喝着没滋没味的矿泉水，想念着莱佛士坊街上的咖啡香。晚上7点，本该在健身房挥汗如雨的我，只能摇着扇子在家中的小阳台上来回踱步。

我感觉生活如同被上了发条，日复一日，只能像一潭死水一般，做着同样且令人烦闷的事。我的负面情绪肉眼可见地与日俱增。

如今回想，才明白那是焦虑所致。

二十来岁进入职场后，我就开始了上班工作、下班应酬、休息也要见见朋友、请假更得飞出国游玩的日子。无论是我的事业或私人生活，都一直建立在向外发展的基础上。家，对我来说只是个睡觉的地方，我很少会有长时间在家独处的机会。

但疫情降临，我被迫居家办公、居家生活。不能出门，让我像一只被钳住翅膀的小鸟，无法高飞，无计可施。除了工作以外，我还多了很多空闲的时间，却不知道自己能干些什么。我才明白，闷得发慌，闲得茫然，是会真实发生的。

我开始用各种东西麻痹自己。比如尝试追剧，却因为实在没耐心而放弃了。再比如尝试做大量的居家运动，却因为把脚扭伤而终止了。瞎忙了一圈后，我发现自己更焦虑了。

2021年5月中旬，因解封后的病毒感染人数每日激增，新加坡政府宣布全新加坡将进入"高警戒解封第二阶"，约等于告诉国民们，一切回到解封前。那一刻，我不知为何再也压抑不住情绪，眼泪如同决堤似的，倾泻而出。

我原本还期盼着全球慢慢复苏，让我回归自由自在、多姿多彩的生活。哪知道才刚看到一丁点希望的小火苗，马上又熄灭了。这种落差感，让我多少有些绝望，还因为越想越难过，最后以"大"字形的姿态，躺倒在床上哭喊道："不能出去，我的人生还有什么意义？！"不过我也只能这么嚷嚷，外面这么危险，我再怎么执着，还是不敢真的往外跑。

但再这么颓废下去，可真不行！哭完后，看着镜子里一脸狼狈的自己，我又委屈又唾弃，真是烦躁至极，又无奈至极。但有了那么多年的社会经验，我怎么会不知道，当你没有办法改变外界的时候，就只能改变自己。

狠狠地大哭一场后，我把自己给哭饿了。眼看手头上没什么紧急的工作，家里的厨房自搬进来住之后压根也没怎么用过，我便决定就从亲自做饭开始改变生活吧！

我本来就是个吃货，生活中的一大乐趣，就是到各大餐厅打卡吃美食，或是在全世界品尝不一样的特色佳肴。吃了将近一年的外卖和即食品，我发现还真的吃不到餐厅里现做的水准，渐渐地也对"吃饭"缺乏了兴趣。

我想，如果能做一顿自己爱吃的菜，那多少能让自己开心一些。反正闲着也是闲着，我撸起袖子就开干。我先下载了几个教做饭的软件，并在各种社交媒体关注了一些网红美食家，又去了超市买上各种酱料与食材。一切准备就绪，便开始捣鼓起来。

从前只觉得做饭好麻烦，要准备的东西那么多，步骤那么多，做完了未必好吃，还得去洗碗洗餐具，简直只能用"悲剧"两个字形容。但真的动手去做，居然意外地简单顺利，重点是——也太好吃了吧！

我给自己做的第一道菜，是最普通的西红柿炒鸡蛋。跟着软件上的食谱一步步做，既没把蛋煎焦，也没把西红柿炒成汤汁，一口蛋和西红柿入嘴，酸甜可口，一切都恰到好处！虽然这是一道基本的"入门菜"，但做成功后给了我莫大的自信，我也彻底爱上了做饭这件事。

从挑选食材、备菜、炒菜，到摆盘，做饭的过程能让我无比平静，无比专注。做饭时的我，能将自己屏蔽在一个完全属于自己的空间，感觉不到外界的纷扰与嘈杂。将一般的家常菜都学会后，我开始挑战难度更大的菜。比如糖醋排骨和黑胡椒螃蟹，我还给爸爸打了视频电话，让他教我做江西炒米粉。

经过 20 分钟，一锅热气腾腾的江西炒米粉就完成了。我还没装盘，就已经迫不及待地用筷子抄起一口米粉，往嘴里送去。这一口，我可真是垂涎太久了！这个江西炒米粉，就和我记忆中的味道一模一样！

感觉自己学有所成，我趁防控措施刚放宽，就立即喊上几个小姐妹，周末来家里品尝我亲自做的饭菜。聚餐当天，五菜一汤，丝毫不含糊！她们皆惊讶地看着我，难以置信道："这都是你做的？"还有人调侃说："不会是点了外卖，然后换上盘子吧？"

由于学做饭期间，我没少给她们炫耀过成品，大家自是相信我已掌握了厨艺，如今就是来"验收"的。出乎他们意料的是，我做饭不光是能吃、好吃，而且特别好吃。接下来的光盘行动，就是最好的证明。

听着她们轮番夸我有做饭天赋，而我也确实乐在其中，接下来的日子哪怕已全面解封，我还是情愿躲在自家厨房，自己研究美食，也不想去预订餐厅了。此外，中餐已经不能满足我的挑战欲了。我渐渐地解锁了意大利餐和法餐技能，做饭水平噌噌地往上涨。

不过，身为一个"坐不住"的主儿，有能出去玩的机会，我自然不会放过。但当时也只是城中解封了，想出境仍是天方夜谭。从前很少请了假还在新加坡的我，是第一次接触应酬场合之外的休闲项目。在这里生活了 15 年，我都不知道原来在海岸边骑自行车能那么痛快，到小山坡徒步能那么有趣，乘坐游艇短暂出海能那么快乐。

如果下雨了，还可以到室内攀岩和溜滑冰。这两项运动，是我从未涉猎的，没想到在新加坡就能体验。我开始察觉，自己的快乐已渐渐回来了。

心态平静了，我也发现，自己曾有很长一段时间，觉得"情调"才是生活的核心。工作不忙，我就想出国，到意大利、西班牙、匈牙利等地方，感受西方慢生活的情调。而如果工作很忙，我便会从珍藏的酒里挑出一瓶顺眼的，在家给自己倒上一杯，边放着古典音乐，边细细品尝。

这些都是我用努力和能力争取来的生活条件和品质。享受自己

184

付出后收获的果实，犒赏努力打拼的自己，我认为无可厚非。但一场疫情，让我意识到那些被忽略掉的平淡，才是真正的生活。

因为心态平和了，我开始好奇有关修身养性类的"鸡汤"书籍。我本抱着"随便看看"的心态，哪知道翻了几本，自己竟能认认真真看下去。我从那些时而犀利狠辣时而温暖治愈的文字中，学会了向内探索，去发掘和改善自己性格里存在的一些缺点。

让我印象尤为深刻的，是在某次聚会中，小姐妹焱炎忽道："Zoe，我感觉你脾气变得好好哦！"当然，这也不是说我从前的脾气多暴躁，而是我真的很容易因为一些小事就表露出不耐烦。那是在快节奏的生活中，不知不觉养成的"急性子"，让我一遇上问题就希望能马上解决，根本没心思探究其他。

现在时间慢下来了，我学会了静下心来自处，自然对身边的事物也多了几分耐心。

此外，每每在新闻上看到感染人数不断增加，看到大公司大品牌纷纷裁员或倒闭，看到有些人因生活大受影响而一蹶不振，我在心慌不安之余，更多的是领悟到了精神富足、心态强大的重要性。这场疫情给我带来最深的感触，是人们最熬不起的不是身体，而是精神，最需要囤的不是粮食，而是正能量。

精神空虚，真的能把人给逼疯。

在疫情期间，我也差一点就成了被逼疯的一分子。多亏钢琴家好友周韵的"托付"，才让我有了寄托。那是个周末，我正闲来无事，就接到了她给我打的电话，刚连上线，便听她急急忙忙地说："Zoe，我着急回国办点事，你能不能帮我照顾 Kiwi？大概三个月？"

Kiwi 是她养的一只通体雪白的小狗，我经常在她的朋友圈里刷到照片，因而并不陌生。她听上去很急切，我却有些迟疑地不敢回答。她或许不知道，但我很清楚自己是个能把仙人掌给养死的主啊！让我养一只狗？光是这个念头，我就不寒而栗。

我正想拒绝，周韵却连说了几声"拜托"。耳根子一软，我无奈地叹道："好吧！我先试试，你告诉我要怎么照顾它。"从那天起，我就成了 Kiwi 的监护人。我一直提醒自己，我有义务和责任把它养好，于是再没自信，也打起了十二万分精神，并严厉地告诉自己势必要完成好这项"任务"。

但看到娇小可爱的 Kiwi 本尊时，我立刻就被萌化了！照顾

Kiwi 不是出于义务和责任，更不是一项任务，我是发自肺腑地想好好照顾它、守护它。就在周韵即将离开时，还对 Kiwi 说了句"要听 Zoe 姐姐的话"，更是让我的怜爱之心油然升起，真正把它当"亲生崽"喂养。

周韵原说将 Kiwi 寄养在我这儿三个月，但因为疫情反复无常，如今 Kiwi 还与我同住一个屋檐下。这段时间里，我将 Kiwi 养得

比之前更加白胖、更加活泼，我们的感情也越来越深厚。在长时间的居家生活中，我也很感激有 Kiwi 的陪伴，让我没那么寂寞。

我想，耐心变好了，跟 Kiwi 应该也脱不了关系。好几次我结束工作后，明明已经很累了，但看到它睁着那双又圆又大的眼睛，直溜溜地盯着我，似乎在撒娇、在控诉、在埋怨，我便还是会妥协地带着它出门散步，或是为它准备狗粮。

不得不说，无论是看着它在公园里撒欢，或是埋头干饭的模样，都能轻而易举地扫去我一天的疲劳。如果是从公园散步回家，我还必定会给它洗脚、擦干、吹毛、梳毛。一系列流程操作完毕，看 Kiwi 心满意足地趴在小窝里乐呵呵地看着我，我立即就能成就感爆棚！

我才发现，原来成就感可以如此简单。

在开始写书的这段时间里，我养成了晚上码字的习惯。Kiwi 也会常常贴着我的脚睡，偶尔因为做梦开始唧唧呜呜的呢喃梦话。我看着在脚下蠕动的小东西，总会莫名感动。与其说是我照顾 Kiwi，不如说我们是相互陪伴，相互慰藉。

毕竟，谁都没能想到，这场疫情已持续了将近三年。对独自在海外打拼的人来说，没有一个精神寄托，没有一个活生生的灵魂陪伴与互动，可怎么行？疫情间的一场场生离死别，也不断在提醒着我们，没有什么岁月静好，来日方长。有些人，真的是转身就是一辈子，让我们来不及说再见。

人生无常，世事难料，哪怕是与宠物的相伴，我们也该且行且珍惜。

另外，本就奉行要"及时行乐"的我，在疫情后更觉得有必要如此。南极、北极、非洲，是我一直想去却认为能够"再等等"的地方。如今我却下定决心，一旦世界安全了，各国旅游通道打开了，就马上将这些行程一一安排上。

这些日子里，听到得最多的，是那句：明天和意外，你永远不知道哪个先来。我不希望有一天，若需要将它用在自己身上时，我会有一长串没能完成的心愿清单。Zoe 的人生，就不该有"遗憾"两个字。但比起完成清单上所有项目，我认为这一一打卡的过程更加重要。在我有限的生命里，用自己最舒适的步伐，完成能力所及和时间所允的那些梦想，就不算虚度此生了。若是为了完成清单，又逼迫自己快快工作、快快上路，无疑是给人生套上了枷锁，反而本末倒置。

人生啊，重要的是拥有健康的身心，让自己走得更长更远，而不是与他人竞赛，非要走得多快才算好。这场疫情，让我和一群同在大城市打拼的好友们，有了相互诉苦和扶持的契机，感情也越发深厚。我想，如果还可以跟这样的一群人一起走得更长更远，会远比自己在人生轨道上孤单前行更加快乐、更加有意义。

所谓因祸得福、挫折教育，大抵便是如此。这是一篇感悟，也是一篇自省。但愿在疫情这两三年里，你也有所收获，有所成长，在未来的道路上，更加自信强大，持续平安顺遂。

第四章 前行

从平凡的人生
看不平凡的灵魂

19/ Choi：创造自己的小确幸

谁说学霸就一定是书呆子？Choi 自小年年考第一，却也是朋友群里"最会玩"的那一个。她秉持"努力学习、使劲玩耍"的生活态度，在大学毕业后顺利进入投行工作，很快便已实现相对的经济自由。

没有了经济顾虑，Choi 开始思考："人生最有价值的，究竟是什么呢？"最终，她决定到山里支教，去响应生命的号召，寻找人生的答案。

做好玩的事

采访当天，是个周末的下午。Choi 素面朝天，趁着休息时段一个人在空荡荡的教室里，和我们打视频电话。对她的第一印象，是这个小姐姐特别的"接地气"。

Choi 不否认，她是根本不需要为了生存考虑。但听她在电话另一头侃侃而谈，喜笑颜开，你会发现她身上一点傲气与疏离都没有。心直口快，是性格使然，她也承认自己经常言语犀利，但就是改不过来。

事实上，也没必要为了迎合不喜欢自己的人，去改变自己。只要不干坏事，不伤害他人，Choi甚至认为，你无论做什么都不需要在意别人的眼光。

"从学校毕业后，我就到投行工作了两年。那段时间真的很忙，几乎天天到处飞，各种业务都很累人。我忙到了什么状态呢？那是连免疫系统都开始出问题的状态，无端端地就全身发痒。那个时候，我知道自己必须好好休息，调养身体，就辞职了。

"后来，我还给一个家族企业做事，成了董事之一才有时间去到处旅游。真正出国去玩和出差，绝对是两回事。一开始我真的好喜欢，想到能去不同的地方，就很开心。

"但悠闲久了，事业心就都被磨没了。既然已经实现了经济自由，我就选择了退休！当时才三十几岁，朋友听到都震惊了！"

朋友们的震惊，有褒有贬，但Choi根本不放在心上。她开始规划退休生活，除了去想去的国家旅行，她还打算到英国深造。哪知没玩多久，新冠疫情就暴发了。

Choi不能出国，甚至不能出门，对于一个喜欢把每天都过得特别充实的人来说，真的是太难受了。既然无法出国，Choi开始思考，国内还有什么是她没玩过、没做过的呢？

某天灵光一闪，她忽然发现，自己可以到山区去支教啊！行动力满分的Choi当机立断，很快搜集来了支教申请的相关信息，便投递了自己的履历。据她说，往常是每次开放征集，就会有1000

192

人报名，再从中挑出 100 位分配到不同的学校去。

但她这一届估计是因为碰上了疫情，最后选出来的，包括她在内居然只有 10 个人！虽说一开始是抱着"好玩"的心态去报名，但在了解到因师资紧缺而导致偏远学校的教育水平堪忧后，Choi 的责任感熊熊燃起，竟成了她所在的学校里最勤奋的美女老师。

"我是 2021 年 3 月份去的，第一个学期因为没有教学经验，有点手忙脚乱。山里的各种条件也不好，我一下子过敏，一下子生病，原本很支持我做好事的家人，突然就反对我继续支教了。

"我承认自己这是'富贵病'，从小到大就没有在不够干净卫生的环境里生活过。但就在很多人都以为我会放弃的时候，我在第一个学期的假期结束后又回来啦！"

第二次进山支教，Choi 明显得心应手多了。无论是自己打扫宿舍的卫生，自己做点简单的饭菜，或准备教案和进行教学，Choi 都能有条有理地独立完成。

Choi 感叹道："只是身体上还是比较辛苦！毕竟是前几年工作的时候，也落下过病根，没有那么容易调养好。"问她为什么知道身体无法负荷却还要坚持支教，Choi 回答："我是一个做事要提前计划好的人，而一旦有了目标，就一定要把它做到最好。当下的我就只想好好教书，让学生们都爱上学习。"

她强调，"做好事"背后不一定要有多么伟大的初衷和愿景。对 Choi 来说，更重要的，是能不能做到言行一致，付诸实践。关于支教这件事，Choi 一直在身体力行，并认为无论把自己的行为说得有多高尚，都不比埋头苦干，多批一份卷子、多打印一份教材来得更加实际。

"我比较纯粹，没有想太多，不过也有的支教老师是真的很伟大的。我就认识一个女老师，她因为爸妈都身患残疾，小时候家里是掏不出钱给她念书的。所幸国内实行的是九年义务教育，女老师说她从没在读书上花过一分钱，现在长大了，就想回报国家和社会，参加支教。"

是啊，大家做着同样有意义的事，远比追究"你为什么支教"重要得多。而 Choi 怎么也想不到，从前那个不到 brunch time（早午餐时间）不会起床的自己，现在不管多晚睡的，都能在第二天早上 7 点醒来。这么做，只为了能在 8 点准时抵达教室。

Choi 会一直忙到晚上 9 点，等学生们的晚自习结束了才回宿舍。但她并没有早早休息，而是选择批改卷子、准备教案，通常直到凌晨零点才能搞定。按 Choi 的话说，这一切都是她"自找的"。

嘴上自嘲，脸上却掩藏不住笑意。或许"好玩"的定义，是不管多累，都能让你乐此不疲，是只要喜欢，只要有成就感，就能让你坚持下去。

多看看世界

谁说一定要出国，才算多看看世界？ Choi 只是去了一趟贵州山区支教，已觉得眼界被拓宽了许多，许多认知竟也被颠覆了。

"很多人会以为，我到山里辛苦了，肯定会消瘦不少。但事实是，我来了一年整整胖了20斤！山里没有别的娱乐项目，大家聚在一起，除了吃，还是吃。

"虽然我把自己搞得很忙很累，但生活其实规律了不少，每天两点一线，日子过得单纯又健康。我还天天跟孩子们玩在一起，经常忘了自己今年到底几岁。"

此外，Choi还惊讶地发现，这里的学生都没有体验过圣诞节。因此当有年轻的支教老师主动在圣诞节吹起气球、装扮办公室时，Choi也给几个班里的优等生分发了圣诞礼物。

"别说小孩子了，有的当地老师自己也没有感受过圣诞节。我觉得要是能办一场派对，大家趁机聚一聚，还能多交流，挺好的！但农村其实不习惯这么铺张，有的人甚至会觉得这是在浪费资源。换作以前，我想我会坚持到底，但现在看开了很多，就无所谓了！"

Choi笑说，那些自己看不惯的，不去看就行，而看不惯自己的，就相互眼不见为净，没必要发生冲突。但Choi强调："你一定要是玩得多了，玩够了，才来农村支教，否则肯定待不住。"

她之所以有此感慨，是因为有不少朋友都来私信问她，如何才能成为一名支教老师。Choi不知道这些朋友都抱着什么样的心态来咨询，但她希望他们别是一时兴起，冲动而已。

Choi认为，该玩的时候就玩，该工作的时候就认真工作，每个人在每一个时间点，其实都有自己应该去做的事。对于年轻人来说，到处旅行，增广见闻，通过接触不同文化，引发自己思考，树立起自己的价值体系和三观，远比去帮助他人更重要。毕竟，连自

195

己都没搞明白的人，要怎么给他人解惑呢？

Choi 还说："看过世界的人，会更有包容心，也会发现人外有人，天外有天，我们不管做什么事情，都不能太过自满。"之所以有此感悟，是因为 Choi 在旅行时，总喜欢报名参加当地旅游团，然后去当地人的家中吃一顿地道的佳肴。而她发现，这些经常接待旅客的家庭，所养出来的孩子都特别善于社交，并礼貌懂事，情商极高。

此外，有一趟欧洲之行，也让 Choi 印象特别深刻。她说："因为无意间发现，那里有些底层人民的英语说得特别好，让我很惊讶。哪知道与这些人交流后，才发现他们是从中东逃到欧洲的难民！比如停车场管理员、在公共厕所外收钱的大叔大婶，都是在自己原本的国家，曾受过高等教育的医生和律师。"

由于国家动荡，这些原本过着富足生活的白领人士到了其他国家，也只能做一些基层工作。Choi 感慨道："你会发现，这种重大的命运轨迹，是你无法掌控的。所以啊，人要知足，要学会在小事情上，给自己创造幸福感。"

永远要学习

采访过程中，Choi 一直兴致高昂，笑声连连。很难想象，她曾经历过一段觉得人活着并没有什么乐趣的艰难时期。

"那个时候，妈妈因为意外过世了……她是我的精神支柱，是我最依赖的人，一下子失去至亲，真的让人很难接受。我第一次深刻地体会到，什么是'计划永远赶不上变化'。我不再相信目标，也不会再给自己定下什么长远的目标。

"人生太短，我只想把握当下，做好自己目前的分内之事。此外，当然还是开心最重要！所以我们都要好好读书，不断学习，提升了自己才会拥有选择的权利与能力。"

因此，Choi 现在只希望她的学生们能好好学习。哪怕是她拼尽全力也只能改变一个孩子，她也会感到心满意足。属于"行动派"的 Choi，当然不会光说不练。在她的人生清单里，就有一条"读博"的计划。

Choi 认为，想要自己的心永远不老，唯一的方式，就是持续学习。她说："积极的环境，会激发你的雄心壮志，落后放松的环境，会让你松懈怠惰。人是环境的产物，一旦停止学习，让自己退化，是会很可怕的。"

Choi 预想着，再教一年，等她目前的五年级学生顺利毕业后，她也要继续游历天下了。疫情前还未去过的南极和北极，还没报名修读的博士专业，她都要一一完成。

哪怕是打着"退休"的旗帜，也没停止过工作与玩乐，才不辜负生命的美好。你，认同吗？

20/ 韩滨蔚：让今天拥有更好的青春

韩滨蔚，95后，一个通过自主招生考上中国传媒大学，毕业后却转战奢侈品管理和金融，同时又成了一名KOL（Key Opinion Leader，意见领袖）的"多栖女孩"。对她的第一印象，是外形亮丽、谈吐大方，妥妥是"别人家的小孩"模样。交谈下来，发现她言行清秀灵动，还悟性极强，不由得让人联想起林黛玉，她们似乎有着同样叛逆且感性的"孩子气"，于是我想亲切地称呼本篇女主角为"韩妹妹"。

闪闪发光

大多数的人估计都是从职场观察真人秀"闪闪发光的你"节目中，认识了这位"高颜值学霸"。关于参加节目的契机，她说："节目组在校园群里发了招人启事，我看到后就投了简历。我是自主

198

想参加的，也因为当时在北京实习，从没去过南京（节目录制地点），想着如果有机会的话，就当作去玩吧！"

据悉，节目组收到了来自全球各地的一万多份简历。海选阶段要经过三轮面试，上了节目还要经过四轮面试，才能成为最终的四位赢家之一。只能说，这些人都是优中之优，韩妹妹能脱颖而出，实力自然不容小觑。

回想起这段经历，她却感叹道："坦白说，海选的最后一轮面试，我差点就不去了！当时节目组说，这一轮会在节目上播出，我就在想，那万一没过，岂不是会在全国人民面前丢脸？"但她最终还是决定赴试，只因为想知道自己的能力在哪儿，又有多少潜力。

"如果把自己和那些到海外留过学的人放在同一个起跑线上，我能有什么样的表现，又能做出什么样的成绩呢？这一点，我想去挑战看看，算是给自己一个特殊的经历吧！更何况，我不一定比别人差呀！"韩妹妹积极乐观的笑颜，很能感染旁人。她又接着说："另外，要相信自己有很多不一样的可能性！当你有足够的决心和强大的内心，就算在执行的过程中犯了很多错误，也能一次次做得更好。这样的人生，才能有进步，才会有意义。"

谈及节目表现，韩妹妹一再地强调自己"不够聪明"，甚至"要比别人多花两倍的时间"，才能做好同一件事。事实证明，她的努力没有白费。尽管有过无措与彷徨，韩妹妹还是向大家证明了，她有获得进入国内头部证券公司实习的资格。

很难想象，这样的她居然是金融界的"插班生"。对此，韩妹妹坚定地说："我大学本科念的是传媒系，很多人就曾对我说，半途学习金融，岂不等于走了弯路，白费大学经历？我却觉得，Nothing is useless（没什么经历是白费的）！"

她分享说，自己就曾在一个全是男性的投资团队里，成功为大家争取下了美妆圈客户的认可。除了女性的身份使然，让她比他们更了解美妆生意的运作与门道，传媒的知识也使她更懂得品牌需要什么样的宣传模式，其中大约需要多少资金与资助。于是在创始人面对众多投资机构抛出的橄榄枝时，韩妹妹用她的学识与共情力，说动了这位客户。

"要相信，我们走过的每一步都算数！选择转换领域，真的很不容易，我为此重新捡起高考后就没碰过的数学，一般人或许考两次就过的 GMAT（经企管理研究生入学考试）了，我却考了四次，才刚考到学校的录取分数线。但到了面试环节，我却拿了满分，奖学金是学费的一半，让我很有成就感。"

若非传媒专业训练出来的表达能力与抗压能力，韩妹妹想转换跑道，也不会那么顺利。至于还会不会回归传媒业，韩妹妹表示："当记者至今仍是我的梦想，自己现在也正在经营自媒体，不算真正脱离，但希望有一天，能全心全意地投入到这个领域吧！最开始选择传媒，是因为喜欢，后来选择金融，是因为适合。我不想给自己定下任何的终点和束缚，只要想做，就去试试看呗！"

人生的精彩，就在于有诸多的体验，可以让你一一选择。因此除了金融，韩妹妹还曾到过法国学习奢侈品管理。那是在其他地方学习不到的专业，并且课程出自顶级奢侈品管理学府，一年只招收一个中国籍学生。韩妹妹拿到了入学资格，就这样单枪匹马，勇闯法国。

"不推自己一把，怎么知道你可以做出什么样的成绩？"韩妹妹说这话时，眼里闪烁着自信的光芒，让人不由得感叹，难怪不管她到哪里，都能如此耀眼吸睛。

漂洋过海

韩妹妹老家在上海，于北京念书长大，曾到南京和上海实习，又去了法国巴黎进修。她还到过缅甸实习，后来又在新加坡学习商业管理。恰巧碰上新冠疫情，韩妹妹在新加坡一待就是大半年，也才促成了这次的面对面访谈。

问她怎么看待总在奔波的自己，韩妹妹回答道："有的人会觉得，在一个地方扎根有利于长期发展，但我更想去看看不一样的世界，体验各种生活。"看过更多的地方，接触过更多的文化，不仅能增广见闻，丰富内在，也能让一个人更了解自己。

"有些经历，是不踏出国门就可能永远看不到的。那些用青春去旅行所换来的感悟，别人偷不走，也复制不来，会成为你往后在解决人生难题时一个宝贵的、可以借鉴的资产。"且不说韩妹妹因为四处旅行，掌握并精通了华语、英语和法语，光是未满 30 岁能有这样的感悟，说出这样的话，就足以让人赞叹。

"每个地方的人都不一样，每个人也都不一样。大家都是'Choose their own life and make it works'（选择了各自向往的人生，并努力将它实践）。我从前给了自己很多条条框框，只要别人不做

201

我认为正确的，就算不表现出来，也会在心中有个评判。当然，我对自己也是这样要求的，不能做错，只能做对做好，长久下来，让自己特别的累。

"但去过了世界那么多地方，看过那么多人，我发现生命不是数学题，任何追求都没有什么对与错。比如一个在巴黎卖画的街头艺术家，只要把笔下的画做到极致，他就会很开心，很有成就感。只要对自己和生活都能感到充实与满足，就没什么不好。我想，我们都没必要去给自己太多的设限与枷锁，好好享受生活，感受人生，就对了！"

哪怕不出国，韩妹妹也喜欢把周末和长假安排得满满当当。用她的话说，就是一定要"动起来"，不能窝在家里，啥也不干。她说："这或许也跟个性有关吧！我从小就很好动，喜欢跑跑跳跳，喜欢与人打交道。我喜欢被拥有正能量的人围绕，跟这些人在一起吃喝玩乐、学习交流，是我充电的方式。"

如果这也是你所向往的生活方式，不妨像韩妹妹一样，用眼界滋养自己，用社交充实内在。

不负青春

看韩妹妹发布日常动态，总会感叹她怎么有那么多技能！她会自由潜、滑雪、画画、弹吉他，能静能动，且样样精通。问她如何做到，韩妹妹谦虚地说："哪里，只是兴趣！主要想激发自己的潜能，挑战一下极限。毕竟每学会一个技能，都让我觉得很开心，很有满足感。哪怕过程可能会受伤，我也特别享受。"

　　学习新技能，对韩妹妹而言是生活中再自然不过的事情，不必特意去做。她这么做不是为了得到一个证书，也不是为了拥有在社交场合可以炫技的资本，而是为了提升自己，为了认识更多志同道合的小伙伴。

　　印象最深的，是她在阿尔卑斯山学滑雪时，写了一句感慨的话："原来自己并没有天赋，只是个普通人。"出发前，她曾信誓旦旦地说，要用三个雪季的时间练好双板自由式滑雪。这可不是"夸下海口"，毕竟她第一次滑雪，仅用了两天就能上红道，再用五天就能上黑道。对初学者而言，领悟力没话说。

　　这是她第二次滑雪，有了之前的经历，当然不害怕。但要知道，双板需得至少四五年才能掌握好滑行技巧，完成一个精准转弯。心急的韩妹妹却一口气跑到了黑道试滑双板，结果第一天就把膝盖扭伤了。

　　"当时医生跟我说，你接下来最好不要滑了，至少得先把伤养好。"韩妹妹回忆起这件事，还是难掩失落，并感叹道："因为这件事，我也明白了，不要轻易相信自己是一个有天赋的人。很多事情都要一步一步来，按部就班肯定有它的道理，我们不要急，也急不来。"

　　另外，她也通过自由潜水学会静下心来。为了减少在水里的负担，潜水前要做半小时瑜伽，让呼吸减慢，主动地让身体达到放松的状态，也让内心平静下来。毕竟在水里一旦慌张，很容易出意外，需得越平静，才能做得越好。

一个急性子、充满热血、讲求行动力的女孩，就这样学会了适当地克制自己，开始修身养性。她说："这并不是压抑本性，只是学会了平衡。我把学习新技能当作一种脱离学业和事业的'休息'，不管多忙，总有休闲的时间去做这些事，让身心感受不一样的事物，才不容易对生活感到厌倦。"

"我还喜欢简单的生活与环境，向往能活在一个自由且人人都能尊重彼此的时代。未来充满了很多可能性，希望我们都能有自由选择的勇气，有支持你心之所向的人们。总之，人生不要留遗憾嘛！明天的你比今天又老了一点，那么何不让今天拥有更好的青春？"

韩妹妹认为，很多事情在错过以后，就没有尝试的机会了。比如极限运动，在年老之后或许体力上就无法负荷。她还说："人生就像一场马拉松，重点不是能跑得多快，而是能跑得多远。"多出去跑一跑，闯一闯，丰富了经历才会看到更多的活法和选择。

"当然，没有任何一个选择是绝对正确的，所以我们要不断地努力，才能让自己在犯错时，能够把选择变正确。另外，就是不要犹豫，下定决心后，请把选择做好，不要回头。"

但愿你能为了更美好的今天，选择勇敢地活出自我，让人生丰富起来吧！

21/ 卡大人：管他呢，开心就好！

卡大人，一个拥有 1200 万粉丝的中国时尚与生活方式 KOL（意见领袖）。她还曾荣登 2019 年福布斯中国 30 位 30 岁以下精英榜（简称福布斯 U30），并获得胡润百富颁发的"时尚美学设计·未来之星"奖项，是一个从小镇出身，逆袭成为千万女性标杆的励志女孩。我一直很欣赏她的蓬勃朝气与坚韧潇洒，希望你也能从她的故事里找到让生活快速通关的秘笈！

做就对了

卡大人，为什么会叫"卡大人"呢？翻遍全网竟没找到答案，只好亲自去问其本人了。

"卡，是因为我搜了下资料，知道 K 开头的发音容易朗朗上口，所以就选了。大人，是因为我发现自古以来，只有男人会被这么称呼，那女人为什么不行呢？我偏要反其道而行，就有了这个网名。"

卡大人还分享道："有趣的是，无论男女，总有那么一些人，会叫我'卡夫人'。我明明是'大人'，怎么就成了'夫人'呢？"她哭笑不得，却也只当过眼云烟，没有放在心上。

光从取网名这件事上，就不难看出卡大人性格果敢，很有主见。她清楚自己的定位，知道自己想要什么，于是下定决心就能埋头执行，很少会走弯路或停滞不前。刚大学毕业那会儿，挣很多的钱来补贴家计，或许便是卡大人的目标。

因此，原本做着翻译工作的她，在得知程序员的工资更高后，仅花了两个月学习编程，就转换跑道去了。当时，程序员的工资一个月能有一万多块钱，加上女生少之又少，卡大人得意地表示："我去的所有面试，都拿到了 offer ！"

顺利入职后，卡大人并没有停止发掘更高效的财路。她在无意间了解到，老板通过 QQ 空间经营的公众号，每个月竟然能有比她工资还高的收益。卡大人认为，别人能做到的事情，她一定也可以。于是二话不说，着手写起自己擅长的时尚题材博文。

卡大人从小喜欢好看的衣服，还会通过电脑去刷海外的街拍与杂志，并蹲守各大品牌的新品发布。她常常一刷就刷到了清晨，多年以来保持这样习惯，早已将时尚密码摸透，也有了自己独到的见解。于是她每天下班后，都会开始努力地撰稿。没多久，公众号开始盈利。

这样的状态维持了七八个月，眼看公众号的收益早已远超工资，卡大人便动了辞职的念头。因为家境一般，卡大人在正式提交辞呈前，是经过深思熟虑的。她不是那种为了急着证明自己就冲动创业的年轻人。

无论如何，在 24 岁有离开体制的勇气与底气，着实让人钦佩。卡大人就此从上海搬到了杭州，之后还开了自己的服装店，同时大力发展博主事业，也支持着女性教育有关的项目。三年，对于任何一个初创企业来说，都不算久，至少远远不够扎根与绽放。但新冠疫情就此来袭，一波三折的经历让卡大人难得萌生了"退一步"的念头，并还真的暂时放下了生意，专心去休息。

这一休息，又是大半年过去。卡大人终于蠢蠢欲动，为配合业务与市场的变化，踏出了转型的第一步——制作优质的短视频综艺节目《管他呢，开心就好！》。知道自己必须顺应市场，做出改变，卡大人在决定转做视频后，就找来了履历惊人的导演和强大的团队，将"硬件"升级完毕，才整装出发。

打破枷锁

卡大人就不喜欢走寻常路。短视频节目采用旅拍的形式录制，本打算以一个轻松有趣的方式和心态呈现，团队却专门走复杂的路，几次去到了无人区，尽管过程令人不安，但好在结果都收获了最美好纯净且与众不同的风景。

"与众不同"，便是卡大人所追求的定位。她说："我认为当一名 KOL，就要与其他人不一样，让自己变得难以替代，才能创造价值与凝聚力。比如开创了古风拍摄法的美食博主李子柒，因为身处得天独厚的环境，有着旁人无法复制的手艺与气质，才会在模仿者泛滥的情况下，即便销声匿迹也还是有一群忠诚的粉丝。"

卡大人认为，KOL 就要展现丰富多样的精神面貌，没有任何一个固定模式。她感慨道："现在的人活得不自由，仿佛精神都上了枷锁，需要有人强行为他们打破桎梏，才能找到出路。近来备受欢迎的'龙妈'（电视剧《权力的游戏》人物，Daenerys Targaryen）之所以这么火热，也因为她有个'Breaker of Chain'（锁链破除者）的称号，象征着对控制的摆脱。"而卡大人选择做短视频节目，也是为了要打破自己的枷锁。

"所以我决定做旅拍，连窝也不要了！就这样放下对安全感的依赖，以前所未有的方式敞开自己，希望能创作出更深刻、更有意义、更能感染别人的作品。当然，因为自己爱玩，愿意当试验品，哪怕失败了，也不会是一无所获。"

此外，卡大人做事的理念，也会打破你对"KOL"和"女强人"的认知。

她的工作除了写脚本、写稿、录制视频，还包括线下演讲、品牌活动、内容策划等。不用外出见人时还好，在那些需要"抛头露面"的场合，她都必须时刻保持光鲜亮丽。这是世人对 KOL、对时尚博主的预期，让卡大人自己也一直很头疼。她坦言，她私下最喜欢穿"洞洞鞋"，最好可以怎么舒服怎么来。

卡大人无奈地说："唉，我其实特别特别懒。这也体现在，我从来不做自己不擅长的事情。我相信，把每个环节交给最懂它的人，才能产出最优质的作品。所以我很信任团队，那些自己搞不懂的，就懒得去搞懂，只负责最后的把关就好。"乍听之下，似乎有点"离经叛道"，但细细品味，你会发现它不无道理。

谁规定老板就要什么都会？谁说要 100% 亲力亲为才是对作品负责？无论是工作上或生活上，世人往往会陷入"你不能不知道""你不能不会"的迷思中，仿佛什么都知道，什么都会，才是正确的。若生怕自己因为"不会"遭受排挤或打压，而强迫自己去做你根本不会也不适合的，只能是事倍功半。

卡大人的成功，也在于清楚知道自己擅长什么、不擅长什么。在自己擅长的领域里，把技能钻研到极致，才是你最终收获效益最快的方法。

顺应自然

目前，卡大人正定居大理，专心养胎。她说，这里的环境舒适，氛围悠闲，于是打算住到生产，等出了月子再计划下一个去向。

"我现在每天睡到自然醒，然后吃饭、玩乐、工作、搞生活。最喜欢做的事情，是去海东看风景！"听卡大人这么描述，你很难想象这竟是一个网络大 V 的生活状态。在这个流量至上、热点稍纵即逝的时代，哪个博主不是赶着量产视频，期待众多的套路脚本中，有一个能踩在观众的喜好上。

卡大人却认为，她虽是 KOL，但也是个人啊！对她来说，更重要的是能够去享受生活，感受生命。她表示："KOL，是世人给我的标签。我承认，一开始特别在乎名声，很珍惜自己的羽毛，所以有些矜持，有些端着。但现在，我觉得自己只要不做亏心事就行了！"

自录制短视频节目以来，旅居的生活也让卡大人学会了不再对生活抱有执念。这不是让你消极怠工，而是指你若能抛弃固化的思维，不以过往经验衡量今天，不期待收获什么恩赐，那么每一个意料之外的时刻，都将是一种惊喜。

卡大人说，她在疫情期间突然想明白了，万事万物都不会违背自然法则，人又何必总是要与天拼搏、争个高下呢？

"把自己化身为爱，顺应天意，做自己应该做的事，你就会收获爱。相反，自私会使你痛苦，使你困顿，使你一败涂地。"

或许要看破人生，才能做到越过输赢、略过得失地去看待生命。卡大人分享道："就在前几天，团队仅有的两台相机都坏了。其实我一直都知道，那两台相机早就该换了，员工也曾反馈过这个问题。但我总在想，一台坏了还有另一台嘛，轮流使用轮流维修，还是能再扛一扛的。哪里知道，它们竟然同时在我赶着拍摄时坏了！"

正当卡大人陷入反思，不知道自己是否应该早就更换相机时，有个相机品牌找上了门来。

"哈哈，这就是宇宙的奇妙！还好我总觉得相机没有坏透，不舍得换，不然早早换了，还得多花费一笔买装备的钱……"卡大人侃侃而谈自己的"抠门"时，眼前仿佛又浮现了当年那个小镇女孩的影子。

顺应本性，也是顺应自然的一种表现。只要你不试图与生命的河流抗争，就能顺利流向该去的地方，拥抱属于自己的碧海蓝天。

卡大人最后总结道："别为生活设限，别让思维设限。我们都要跳出社会的框架和定义，去解放人生，学会以最轻松的方法和心态，接受命运给予我们的一切。"

22/ 李莹：只愿为我的"热爱"买单

参与申办新加坡首届青年奥运会，筹备过阿联酋国庆阅兵活动，才32岁就出任国际体育销售品牌Sportfive（原拉加代尔体育）的大中华区董事总经理兼全球高级副总裁，说李莹是该领域里的佼佼者，一点也不为过。但"体育营销界名人"几个字，根本不足以概括她的成就。李莹身上，有更多值得被世人看到的汗水与坚韧，期待着你与我一同去一探究竟。

幸运与努力

2005年，18岁的李莹独自来到新加坡留学，入读淡马锡理工学院（Temasek Polytechnic）。据说，她备受校方重视，不仅第一年就被推荐参加海外留学生协会竞选，并成功选为主席，而且后来还参与申办首届新加坡青年奥运会，得到了主席的青睐与引荐，成功

212

获聘于一家活动策划公司，前往了阿联酋参与阅兵式筹备项目。

这样的经历，放到任何一个人身上，都是闻所未闻的。面对一连串的赞叹，李莹谦虚地表示："我一直都觉得，自己只是很幸运罢了！"

俗话说得好，机会是留给准备好的人。如果没有自身的勤奋与日常的积累，当幸运降临，也会把握不住。李莹就是一个勤勤恳恳，不断在打磨自己、灌溉自己的"拼命三娘"。

她分享说："我曾在一家活动策划公司实习，每天的任务就是把纸质表格里的信息，填到电子版里。老实说，这只是一个很基本、不需要任何专业知识也能做好的行政工作，但性格使然，我就做得特别仔细，还会主动加班，超额完成工作。"更不可思议的是，她在实习的最后一天不慎从巴士上摔下，到医院给伤口进行缝合处理后，仍瘸着腿去公司完成交接。

那一天还有重要的任务要完成，李莹和当时的主管一起加班到凌晨零点。好巧不巧，平时神龙见首不见尾的大老板，那天竟也还在公司。主管向来欣赏刻苦勤劳的李莹，见大老板问起，就把她当天"负伤上工"的事说了出来。只想做好分内之事的李莹，也就那次顺势和大老板多聊了两句。

哪知道，大老板因此记住了她这个实习生，因此在阿联酋阅兵式项目负责人急招助理时推荐了李莹。李莹接到面试通知时，正在国内度假，一度以为自己是收到了诈骗信息。幸好再三确认，才没有错过这个千载难逢的机会。

对此，李莹回忆道："我从没有想过自己会去阿联酋，更别提是参与策划军事项目。我当时才 23 岁，没有什么社会经验，有点抱着好奇和好玩的心态就去了。但且不说那是个对女性歧视特别严重的国家，就我这个资历，参与项目的将军、官员、大人物，哪里肯听我说话？"

据知，当时与李莹团队对接的核心人物，还是阿联酋的太子。她要参加百人会议，一起商讨阅兵式中空军的表演内容。为此，她要先了解空军的战略部署，要知道各种的战机属于什么型号，不同的战机又该怎么飞。那些远远超出认知范围的知识点，除了死记硬背，别无他法。

李莹感叹道："其实最让我难受的，是纯粹因为性别而被人看不起。我还记得第一次见面时，有一位阿联酋中校看到我后，特别震惊。他不是歧视，只是对于我能担任这个职务感到很意外。我也发现，那天在场的女性，除了我其余的都是服务员。好像对当地人来说，女性就不会出现在其他岗位上。"

种种压力让李莹无数次愤怒过、痛哭过，但第二天一早要接见其他人，又得故作坚强，摆出冷静专业的一面。李莹说，她的人生早期有两个重大的转折点，一个是参与申办青奥，一个是来了阿联酋。

"青奥让我认识了很多人，也让很多大人物都看到了我，才会给予我后来的诸多机会。但在阿联酋的经历，真正磨炼出了我的职场意志力，让我在日后不管面临多大的挫折与困难，都能坚强应对。"

对此，李莹也要特别感谢她在新加坡结识的一位人生导师——

Ishak bin Ismail。他是新加坡第一位马来族将军，也是李莹在申办青奥时的大老板。两人的相识，源于李莹"斗胆"在会议上指出了他计划案里不够周全的地方，让大将军对这个有主见、敢表达的小朋友另眼相看。

李莹叙述道："你能想象，一个大将军高高兴兴地讲完了计划案，然后被一个小朋友质疑，那个场面有多尴尬吗？当时全场寂静了得有半分钟，我都心想这下完蛋了，结果他竟然不生气，反而很开心……"

Ishak 将军当时对李莹表示，这是他第一次在会议上被晚辈提出异议。他虽然大受震撼，但很高兴能有人真心思考他的计划，并给出了具有建设性的反馈。他认为，开会的目的本来就是要集思广益，不是探讨对错，更不是让下属"听命行事"而已。

一番高屋建瓴、潇洒豪气的话语，让李莹深受启发。为了感谢 Ishak 将军的点拨与"不追究之恩"，李莹在事后给他发了一封电邮，阐述了自己的所思所悟。令她意想不到的是，Ishak 将军竟回了电邮，两人还相邀出来一起喝咖啡交流，至此成了忘年交。

"在我准备去阿联酋工作之前，他还帮了不少忙！"对于许多人的信任、器重与友善，李莹感慨道："大家都说我很幸运，能遇到这么多贵人，我也认为确实是的。但幸运有时候很沉重，我很怕会辜负他人的期望，很怕自己会把机会给搞砸。就算把事做好了，还是有种承受不起的感觉。有一次和 Ishak 将军倾诉了这件事，他轻描淡写的一句话，却让我茅塞顿开。他说——Then just pay it forward！（那就把善意传递下去！）"

李莹豁然开朗，于是在有了今天这样的职场地位后，总是很慷慨地给予年轻人机会，希望能把她感受到的善意传递给更多的人。那些认定来自基层就无法翻身、认命打工不可能爬得多高的人，或许都该放下自怨自艾。幸运不会从天而降，我更相信李莹不是因为有幸被看见了，才变得如此闪闪发光，而是本身就自带光芒，再经过洗礼与蜕变，因而越发耀眼。

成就与焦虑

李莹在阿联酋待了三年后，于 2013 年加入 Sportfive 亚太新加坡总部，正式踏入体育营销界。她促成了诸多重要的国际赛事和商业合作，因而在短短三年内被委派归国，负责为公司开拓中国市场。

全新的环境与市场，没有让李莹却步。她继续披荆斩棘，搞定的合作不胜枚举，在此就不一一罗列。值得一提的是，她仅仅用了三年时间，于 2019 年起出任 Sportfive 大中华区董事总经理兼全球高级副总裁。

这个时候的李莹才 32 岁，并荣获了该年度的"体育产业人物奖"。第二年，她还荣登了全球知名体育领袖奖（Leaders Sports Awards）评选的"全球 40 岁以下体育领袖精英"榜单，以及由亚太地区权威媒体 Campaign Asia 颁布的"40 under 40"榜单，并在 2021 年 11 月，登上"中国最具影响力的商界女性"榜。同年，李莹还是第 21 届 IAI 传鉴国际广告奖"年度行业人物"奖项中"2021 年度最具成长力行业人物"奖的得主。

用李莹自己的话说，以她的年纪和现有成就来看，她已经在体育营销界里"做到顶了"。

"很难想象，我已经在公司干了将近十年。老实说，在前七八年里，我一直是很诚惶诚恐的。这不是'凡尔赛'，而是当你的努力不断被看到且放大，你就要不断地追赶那个被定位的自己，负担其实特别大。

"后来成了主管，开始有人是为了我而进公司的。我也遇到一些热爱这个行业的年轻人，说是以我为榜样，把我当成了前进的目标。正是这样的一群人，成为我在疫情期间更要奋发图强的动力。公司如果做得不好，受影响的不只是我一个人，身为主管，我需要为他们负责，也会努力作出贡献，不让公司失望。"

担当大任后的李莹，变得更有责任心，也感受到了身为领导层的压力。

她说："如果职场上能以真心换真心，那是最好的。如果不能，唯一可以做的，是认清对他人友善这一件事，并不一定会得到回报。这样的观念或许有些消极，却能让我平衡心态，这就够啦！"

通过这件事，也让李莹学会与自己和解。她表示："我又不是圣人，也会有情绪。那些不理解的，只能借助换位思考，尽量体谅别人的处境。"而如果累积了一定的负面能量，李莹一定会寻找办法将其排解。

她分享说:"比如每天健身,是一定要的!我还是个标准的吃货,会用美食来治愈自己。如果可以请假去旅行的话,我会住最便宜的酒店,但去吃最贵的餐厅。"

"现在我开始每年进行一次'辟谷',十天里只喝水不吃东西,还要每天打坐和站桩,其他的工作和生活照常进行。对于我一个吃货来说,这极其考验意志力,才有助于锻炼我的耐性,磨一磨我的急脾气。"

辟谷,是一种节食瘦身法,需要经过专业指导与学习,让身体提前做好准备才能进行的。它对于身体来说,属于"一键重启"的概念,但没有强大的意志力,却无法做到。

《孟子》曰:"天将降大任于斯人也,必先苦其心志,劳其筋骨,饿其体肤,空乏其身,行拂乱其所为,所以动心忍性,曾益其所不能。"辟谷对于常人而言有多艰难,大约能用这一段名言来诠释。

李莹的焦虑,来源于想要做得更好,害怕自己做得不够好。辟谷调节了她的身心,但无法满足她的精神。为此,李莹报读了长江商学院的 EMBA 班。

说实话,任何人看到李莹的职场履历,相信都会忽略所谓的"学校成绩"。但她并没有因此而忘本,仍然知道人要不断学习才能进步。

李莹也用行动告诉了我们,唯有勇往直前,不停奔跑,才不会被超越和取代。

肉体与灵魂

在李莹看来，人生最有意义的，是能够活在当下，想做什么就做什么。她很庆幸，自己能够找到一份热爱的工作，因此即便忙得没有了私生活，也不认为是一种牺牲。

"这么说可能有点奇怪，但我确实会因为睡醒后可以继续上班而感到兴奋。我的忙，不是为了赚钱而忙，是发自肺腑，真心喜欢。用当下的流行话语来说，就是'为爱发电'！"

但李莹发现，过了 30 岁之后，再怎么热爱工作也要有所节制了。尤其像熬夜、喝酒应酬等，她现在是能避免就避免，只因为拥有健康的身体，才能更好地继续做自己热爱的事。

除了工作，她还喜欢运动、美食、旅游。如今为了强身健体，也开始每天做瑜伽、跑步，近年来更挑战了戈壁马拉松、长江马拉松等运动，曾历时四天三夜，跑完了 121 公里。

听到这里，不得不赞叹一句：真是个狠人！

对此，李莹笑说："也不是狠，就是纯粹喜欢挑战自己。就像杜甫诗句里说的，'白日放歌须纵酒，青春作伴好还乡'，我一直信奉着，要 Live life a little dangerously（过危险一点的生活）。太理想化的生活，很容易把自己困在一个框框里。我认为，不要去定义，不要设限，才能拥有最好的生活。"

你或许会问，普通上班族光是忙着挣生活费都已经够呛，又怎么能摆脱枷锁呢？

李莹的回答是——"身体和灵魂，总有一个一定要在路上"。身体被困住了，那就放飞想象，开阔眼界，多读书或去进修，用旁人浓缩成文字的智慧，滋养你的灵魂。同样的，灵魂受困了，那就去跑步、去运动、去旅行，多动动身体，让血液流通得更顺畅，思维会更加清晰。

我想，其中的关键，是要先学会热爱自己，热爱生命。在这个世上，唯有爱与被爱不可辜负，当你毫无芥蒂地拥抱生活，生活才会完全地接纳你、包容你，自然而然地为你敞开一条康庄大道。

每当困顿时，不妨想想李莹的故事，和她一样只为热爱买单，让一切付出变得美好而甜蜜。

23/ 七七：有一颗爱冒险的少女心

跳伞跳了 40 多次，潜水潜了约 150 次，选择早早退休，享受生活的美女企业家七七，还在 4 年里踏遍 40 多个国家。在岁月的流逝中，当同龄人都在慢慢老去，她只希望自己依然能有一颗爱冒险的少女心，让自己越活越年轻。

数字女孩

除了昵称叫"七七"，也因为她总能随口就给出好多的数据，所以姑且称她为"数字女孩"。七七笑说，她之所以会对数字如此敏感，单纯是因为"喜欢赚钱"。

七七笃定地表示："我的（赚钱）直觉很准，可以轻而易举地把握顾客的内心需求，提供他们所需的商品。因此，我在大学时期开了淘宝美妆店，毕业后就把生意做大到国内同领域的前十名！"

一边上学一边做生意，七七难免会把小心思动到同学们身上，结果为自己惹来了不少非议。对此，七七表示："他们毕竟与我的生活息息相关，他们有需求，而我能洞察并给予供应，为什么不能形成买卖关系？"

或许有人会说，那样的七七是个"商人"，特别"功利"，不值得亲近交好。但七七认为，她一不偷二不抢，只要没做违法的事，对得起良心就好。而事实是，七七特别大大咧咧，豪迈大方，与舆论里形容的样子截然不同。

此外，七七毫不避讳地透露，自己在大学刚毕业时，就实现了财富自由。当旁人还在一边对她的行为评头论足，一边为生活奔波忙碌时，七七早已没了工作压力，可以自由自在地做自己想做的事。

她分享说："我从小的梦想，就是能去看看这个世界！地球很小，宇宙很大，我们只不过是浩瀚星河中微乎其微的存在，不多走走、多看看，怎么知道这人世间有多奇妙？在没有了追求财富的欲望后，我最大的成就感来源，是探索未知。旅行就是我实践理想的方式。"

七七在满世界旅游的同时，还将生意越做越大。因为还年轻，她仍有野心和抱负，想要去赚更多的钱。但四年前，父亲患癌的消息，让七七不得不放下手中的一切，回归家庭，陪伴家人。那一刻，她意识到有很多的事情，是比赚钱更重要的。

"所以我就决定退休了，而且是真的完全不工作那种。我不希望，将来会后悔没把时间花在更值得的人、事、物上。"

没有数字的明码标价，你知道什么才是最珍贵的吗？退休后的七七，就通过身体力行告诉我们，那些只能用心去体会，并从实践中感受的价值，远比什么都贵重。

考证达人

"太顺利的人生，是很乏味的！"乍听七七这么说，是不是觉得很"凡尔赛"？但别急，抛开偏见去想，这话确实不无道理。它的底层意义，说的是若每天重复做着一样的东西、体验一样的经历，那势必极其无趣。

巧的是，另一篇采访中的女主角 Choi，也说了同样的话。她表示，你之所以会觉得旅行很新鲜、很好玩，是因为你大部分时候都在努力地、辛苦地工作，而旅行是给自己的犒赏。试想，天天让你到处飞，天天让你吃喝玩乐，你还会觉得稀罕吗？

同理，在不需要工作后，七七不愿意让自己的生活只剩下玩乐。她认为，退休了也不能与社会脱节，我们要不断地提升自己，怀抱着对一切事物的好奇，才不会被时代遗弃。

"我给人生制造难题的方法，就是不断学习！疫情期间，我报读了产业经济和工商管理两个博士学位。此外，我还考到了特许金融分析师（CFA）二级的资格证，也完成了在复旦大学和交通大学商学院，以及上海交大上海高级金融学院的学业。我的目标，是把国内所有的商学院都读完！"

每当需要上课、写论文、考试，都让七七觉得悲喜交加。喜的是当个学生，可以满足她的求知欲，激发她思考，让她沉浸在热血与青春的氛围里，感受体内的生命力不断在沸腾。悲的自然是作业写不完、论文太麻烦，每逢考试也像如临大敌，令人头秃。

尽管如此，七七仍笑道："不过好在学有所成，从每个班级里毕业时，我都会觉得这一切很值得！"因为积极上课，七七也不停地在拓展社交圈，让生活越来越精彩。但是光念书，多无趣？七七的另一个爱好，是把自己感兴趣的技能，都一一掌握。

七七罗列道："跳伞、潜水、骑马、射击、占星、塔罗……我那些大大小小的资格证加起来，至少有 60 个。"在我看来，七七最令人钦佩的地方，不是学会了那么多技能，而是在学会后能反复运用，让自己慢慢精通。

"博而不精"这个词，在她身上并不适用。如同开头所说，她跳伞就跳了 40 多次，潜水也潜了约 150 次，还在 4 年的退休生涯里，踏遍了 40 多个国家。这些事情，有的人一辈子都未必去做一次。但七七乐于挖掘自己的潜能，喜欢不停地打破自己的局限，让自己的世界越来越大，身心也越来越充盈。

跑路冠军

总结自己过往的经验，七七说："走马观花的旅行，很难为生活留下什么深刻的痕迹。"因此，她每去一个地方总要待上 7 到 10 天，或一两周，好好体验当地生活。七七认为，自己不是个过客，也不是个旅人，而是接下来几天的当地人。

"我在旅行中特别喜欢结交当地朋友，而且第一站永远都是博物馆。我认为，一定要先去了解当地的历史和变迁，才能在之后的玩耍中，更好地体会当地的人文色彩。我推荐大家到网络上去搜那些专门走小众路线的当地团，听他们讲述自己与家园的故事，分享鲜为人知的小野史，真的有趣得多了。"

　　这两年因为碰上疫情，七七没办法出国，便将国内的云贵川都跑了个遍。

　　她笑说："我简直就是个'跑路冠军'！这两年里，我打卡了南疆、北疆、理塘、丽江、大理、乌鲁木齐、喀什……"

　　七七还在每一个城市，都穿上了当地民族服饰，拍摄出一组又一组堪称时尚大片的精彩美照。她说，她不想只是"到此一游"，而希望能通过照片，保留时光的印记。必须说，不管是本人或照片，你都能从七七身上，感受到一股顽强、灿烂且充满青春气息的生命力。

　　难以想象，这样的她，竟已是两个孩子的妈妈。除了外形，更重要的是心态上的年轻，让七七一点也没有"长辈"的架子和疏离感。对此，七七得意地道："我的目标，是在儿子长大后，被误认成是他的女朋友哦！哈哈哈！"

　　她接着说："现在连女明星们，都在纷纷打造少女人设。但究竟怎么定义少女，什么才是少女心呢？我想，敢于冒险才是关键。"当你不敢再踏出舒适圈，不敢去接受新事物，就注定会慢慢地与社会脱节，是"变老"的征兆。

　　在外形方面，七七则认为女孩子的一生可以拥有很多种美。比如 20 岁的张扬、30 岁的优雅，正是有这些多变性与丰富性，才让成长值得期盼，让人生更加多彩。但每个人的心之所向都不同，你只要像七七一样，坚持走自己的路，终究会吸引与你同频的人。

来日方长，不必操之过急。愿你能相信未来可期，在寻找终点的道路上，不丢失自己的冒险精神。

24/ 王辣辣：做个文艺女战士

从"餐饮界第一网红""全球酸辣粉女王"到"新商业女性创始人"，王辣辣拥有无数头衔。我与辣辣相识时，她刚准备从家族企业中脱离出来，自己独自创业。眼看她从一个腼腆害羞的女孩，变成自信大方的美女总裁，经历起起落落，却从未被打倒，实属令人感慨，也深受启发。

重振出发

辣辣的创业故事，是在 2014 年去泰国清迈旅游时，因想念一口"中国味"美食而开始的。那个时候，在清迈根本找不到中国小吃，辣辣敏锐地发现了餐饮市场的空白，于是秉持"把中国酸辣粉开到全世界"的梦想，开启了众筹创业之路。你绝对想象不到，她能从微信上搭讪"附近的人"、从朋友圈、从各种现实社交场合中，仅用了半年就筹到资金，顺利在清迈、曼谷、普吉岛各开了一家酸辣粉店。

"王辣辣"这个名字，从此在网红圈、餐饮圈、创投圈里传播开来。人如其名，辣辣做事果敢豪迈，不拘小节，却也容易无意间得罪他人。她自己也说："我确实没从基层做起过，不懂怎么跟人打交道，不懂怎么跟人相处……但也没想过，有一天，投资人和好朋友竟要跟我打官司。"

　　辣辣坦言，这件事对她的打击特别大。无论如何，几个曾经志同道合的人，就这样分道扬镳，但"王辣辣"这个品牌在2017年转型做销售食品，后来被知名消费品牌买走操盘，平心而论，并不算失败。这个时候的辣辣，不再是个懵懂浮躁、初出茅庐的小女孩。

　　她笑道："坦白说，创业前的王辣辣，只想啃老，是个沉浸在自己世界里的文艺女青年。我的很多想法，都太理想化，不够'接地气'。创业后的王辣辣，却成了女战士！一个骨子里充满文艺气息，但愿归来还是青年的女战士！"

　　不得不说，文艺与商业，自古以来就像两条背道而驰的路线。但辣辣偏要两手抓，并用事实证明了，它们也可以是两条平行的轨道，尽管不会相交，但可以同行。其中的关键，是在商业里摸索一条"自己想走的路"，找到一件"自己喜欢做的事"，然后埋头去干。

　　若问辣辣最擅长且最喜欢做什么，那肯定是搞社群，以及打造个人品牌与形象（即"个人IP"）！2018年，深圳市人大代表、美丽华集团董事长胡萍和深圳与君资本创始人兼董事长张琦就找到了辣辣，邀请她合作打造一个为中国女性创业者服务的社群平台。

专业和喜好都对味，辣辣没有理由拒绝，当即拍案加入——"新商业女性"就此诞生。

全新战役

从 2018 年至今，辣辣一直专心做着与女性教育相关的事业。而新商业女性不是企业，是作为女性社群而存在的。它的目标是通过活动，点对点赋能，并以一部分课程和一些项目孵化的形式，帮助女性提升自我内核、打造个人品牌，并通过投资与项目孵化，建立完整的生态闭环。这样的社群，可以让女性互助互利，开拓她们的格局与视野，给予她们创业的自信与底气。

短短一年，新商业女性成了中国最有影响力的社群之一。它成功孵化了 100 多个优质品牌，如今光是在国内就有 40 多万用户。而作为"掌门人"之一的辣辣，就负责做个人 IP 影响力以及孵化赋能和女性创业者，孵化更多女性消费项目。

"这些虽然是我擅长的，但实际做起来并没有那么得心应手。我骨子里还是很文艺的，经常会用文艺逻辑去面对商业上的事物，还需要多加修炼。好在有过创业失败的经历，让我看清了现实，也发现了一些自己性格上的缺点。如今改过来了，更懂得如何与员工、客户、战友们沟通，至少不会再给自己拖后腿。"

辣辣确实不再泼辣，岂料 2019 年年末暴发了新冠疫情，打乱了全球人的步伐与生活。辣辣感叹道："我创业还真是一波未平，一波又起……都这个样子了，只能调整策略，再重新雕琢经营模式。"俗话说得好，危机就是转机，而随着疫情孕育而生的一大商机，就是直播带货。

"我从来没想过，自己会做直播！更没料到，会有越来越多的企业家，有打造个人 IP 的需求。我们的业务持续增长，虽是好事，但我也越来越忙。有太多的应酬、管理及行政琐事需要处理，让我特别的累，感觉自己大部分时间在浪费生命，白白地消耗精力。"

意识到了这一点，辣辣可不会坐以待毙。她当机立断，从深圳总公司里带走了约 20 名员工，就迁移到大理驻扎。辣辣解释道："疫情又不能干别的，只能直播带货，线上授课，所以我只需要有技术团队和直播空间，至于办公地点在哪儿，并不重要啊！"

大理天晴海阔，风光明媚，堪称世外桃源。这里的生活也相对纯朴、悠闲，放慢的节奏终于让辣辣缓了过来。她笑说："来了大理后，我在工作上成了全职的女主播，在生活上过得像个扫地僧。不管怎么看，一点商业大佬的样子都没有了！"

如今，辣辣每天的日程安排大致如下：

早上 7：30，一小时直播讲课，教授商业思维和 IP 打造。

早上 8：30，开始吃早饭，然后散散步。

早上 9：30，开始处理各种业务，包括规划接下来的课程、写短视频脚本、进行一对一咨询、展开团队会议等。

下午 17：00，无论再忙，都要安排外出玩耍，看看风景，放松身心的同时，也要为经营社交平台，拍摄照片和视频素材。

晚上 20：00，晚饭后进行内部会议、脑力激荡等需要大量思考的工作，特别忙碌。

晚上 23：00，再度直播一小时。

对于这样的生活，辣辣评价道："忙归忙，但忙得更有价值，更有效率。我喜欢创作，也只喜欢做有创造力的东西。从前在深圳的时候，不可能有时间静下心来，好好创作。我也向往田园式的浪漫，不喜欢复杂的生活和社交。在大理的生命状态，就是我一直想要的样子。"

她还描述说："大理到处都有花，我每天散步的时候就会捡一些，久而久之，整个房间都被自己捡回来的花装饰满了！我有空的话，还会做饭，一到周末则认真休息，像是露营、逛市集、篝火晚会、音乐节等活动，都会去参加。我曾以为，深圳会是我的终点。但现在看来，哪里都不一定是终点，就让生命带我们去我们该去的地方吧！"

这一份豁然开朗让辣辣发现，"诗和远方"就藏在生活里。为了一场新战役，她来到了新的地方，却更像是找到了归属。这样的缘分，只能说是妙不可言。

破镜重圆

除了努力工作、努力生活，辣辣也努力地当起了自己的"心理医生"。

或许是天时地利人和，移居大理后的辣辣有了更多的休闲时间，能在彻底放松身心后，去感受和治愈灵魂上的伤痛。她说：

"因为原生家庭问题，我从小就处于十分激烈的亲密关系中，导致内心积攒了很多的愤怒，甚至于是憎恨。很长一段时间我并不相信任何情感，不接受任何人走进我的内心，所以有时候会显得很冷漠。但归根究底，我只是害怕自己不被爱，而被一种迫切想要证明自己的心魔给困住了。"

辣辣认为，这是现代年轻人的通病，却因为不自知而掩饰和逃避，让自己背上"莫名的束缚"。

"这是一种在心灵上无名的、无感知的困顿，一旦解开，就能放下，让自己过得更轻松。我想，当一个人经历了足够严重的挫折，就能使其觉醒。比如我以前会有种因无知产生的骄傲，觉得自己已经足够好了，但见过了现实的残酷和世界的辽阔，才发现自己有多么渺小。"

这个自我发掘的过程，当然不是靠闭门造车的方式去想出来的。这段时间，辣辣经常到户外走动，看潮起潮落，看云卷云舒，从大自然的规律与神秘力量中，悟出了生命的法则。她也去上过心灵疏导与修炼的课程，结合哲理与方法论，才找到了解答。

辣辣笑说："我现在能随心所欲地让自己在大理过着牧民一般的生活，是因为真的不在乎了！"终于不用再为了争取他人的认可，去做违背内心的事情，让辣辣无比畅快。

在当下的辣辣看来，她曾经追逐过的、旁人眼里崇尚的那些荣华富贵、权力地位、上流生活、纸醉金迷，都不如当个"扫地僧"愉快。每天只管自己的脚下走过的地，维持自己的一方净土，清闲自在又充实有意义！

"当然，这都是碰到了一些事情，让自己走向破碎，才发现的真理。"到那个时候，你会明白破镜重圆，指的也是能与过去的自己决裂，再通过往后的人生经历与感悟，一点点去拼凑和重合你的内心，直至圆满。

"所以说，好好生活真的很重要！"辣辣强调，并感叹道，"如果诗情画意都不珍贵，还有什么是珍贵的？如果连时光的流逝都没有意义，还有什么是有意义的？"从前的她，就知道自己一整天都在忙，天没亮就醒，再倒头睡时又已是深夜，生活真的是一点乐趣都没有。

辣辣接着说："我现在只想品一杯好咖啡，体验户外的鸟语花香。我希望，自己的人生是有层次的，而我能以不同的方式去探索生命、感受生活，在人生的每一个不同阶段，完成很多不一样的事。"因此，比起短暂旅游，辣辣更喜欢长时间在一个地方住下，过着与当地人相差无几的生活，感受当地的气场与氛围。

一转眼，她在大理就待了一年多，打算等疫情缓和了，再回到曾经打拼过的清迈，去住上三四个月。辣辣兴奋地计划着说："等在清迈住够了，说不定我还能去新加坡找 Zoe？"

这种对生命状态的感知，让辣辣每时每刻，无论在哪儿，都感觉内心十分的富足。但她也提醒说："灿烂之极归于平淡，才是真理。如果没有璀璨过，就要你收敛，要你低调，要你趋于平淡，很容易让人不甘心。"

灿烂过，才能怡然自得地享受平淡。这样的辣辣，不仅是事业上的女战士，更是生活中的女战士。她成功闯过无数人生难关，蜕变得更加坚韧顽强、澄明通透，其所思所感，值得学习与借鉴。

后 记

奋笔疾书了无数个日夜，截稿后恰逢疫情逐渐明朗，我立刻飞奔胡志明市想好好度假放松。没想到，我和好友 Coco 才落地，就乘上了一辆"黑车"！

司机趁我们掏出现金准备付车费时，从前座伸手一把抢过了所有的钞票，然后抽出一张 100000 面额的越南盾，"好心"地告诉我们这一张就够了。虽惊讶于他的举动，但我们并没有多想，直到进入酒店登记时，才发现少了十几张 100000 面额的越南盾！

在酒店小哥的帮助下，我们顺利要回了现金，结束了这场"无厘头"。和朋友们分享这一经历，他们都说："你的人生就注定要写成书。"

真是好气又好笑！

回顾这一年的码字生涯，除了因为长时间低头落下了颈椎病的病根，其余的我都特别享受。我也着实体会了一把文字工作者的不易，尤其是像我这种"半路出家"的业余人士，白天照常工作，晚上挑灯码字，还为此贡献了无数个周末，谢绝了各种邀约。

过程中，我意识到了自己的语言贫瘠与身为"野蛮生长型"写作者的局限。幸好朋友群里，有从事文字工作的好友诗敏，在无数次的请教与讨论下，我根据建议将内容和文字改了又改，才让这本书顺利地如期完成。

　　写下这篇后记时，我正因为难得的迷糊，被迫留宿曼谷机场。想着误机一事已无法挽回，我索性专注码字，不禁对近来的奇特经历感到哭笑不得。

　　诗敏笑说，这可能是吸引力法则的作用。那行吧，一切都是最好的安排！

　　等攒够了素材和趣事，或许会再汇聚成下一本书吧。Let's see！（敬请期待！）